Saprativ Das

IRESSA - Um trunfo para o cancro do cólon

Saprativ Das

IRESSA - Um trunfo para o cancro do cólon

Estudos in-silico sobre o receptor do factor de crescimento epidérmico (EGFR) inibidor de drogas Iressa envolvido no cancro do cólon

ScienciaScripts

Imprint
Any brand names and product names mentioned in this book are subject to trademark, brand or patent protection and are trademarks or registered trademarks of their respective holders. The use of brand names, product names, common names, trade names, product descriptions etc. even without a particular marking in this work is in no way to be construed to mean that such names may be regarded as unrestricted in respect of trademark and brand protection legislation and could thus be used by anyone.

Cover image: www.ingimage.com

This book is a translation from the original published under ISBN 978-3-8443-1117-4.

Publisher:
Sciencia Scripts
is a trademark of
Dodo Books Indian Ocean Ltd., member of the OmniScriptum S.R.L Publishing group
str. A.Russo 15, of. 61, Chisinau-2068, Republic of Moldova Europe
Printed at: see last page
ISBN: 978-620-2-86940-9

<u>RECONHECIMENTO</u>

Gostaria de expressar a minha sincera gratidão ao meu guia **Dr.S.Selvakumar,** Professor Assistente, Departamento de Biotecnologia Industrial, Universidade de Bharath, Chennai, pela sua imensa orientação. O seu entusiasmo e zelo ilimitados têm sido para mim grandes forças motrizes. A sua louvável e louvável orientação está em boa posição. Reconheço-o por me ter dado a oportunidade de iniciar a minha carreira na investigação. Não tenho palavras para expressar os meus sentimentos em relação ao seu interesse pelo meu progresso na investigação.

Estou extremamente grato ao **Dr. M. Karunakaran**, Professor & Chefe, Departamento de Biotecnologia Industrial, Universidade de Bharath, por fornecer as instalações laboratoriais e pela pronta ajuda prestada, sempre que abordado.

Os meus sinceros agradecimentos ao **Dr. Jayanthi Rebecca L. ,** Professor, Departamento do IBT, Universidade de Bharath, pela sua valiosa orientação e sugestão ao longo do meu trabalho de projecto.

Gostaria de expressar os meus agradecimentos ao **Sr. D. Kumar,** Professor Assistente, Departamento de Bioinformática, Universidade de Bharath, Chennai, pelo seu valioso apoio ao longo deste projecto. Agradeço também a todos os **meus amigos** pelo seu apoio moral e sugestão para este trabalho.

Os meus sinceros agradecimentos ao **Sr. Arnab Mandal** pelo seu interesse e constante encorajamento e ajuda atempada durante o meu trabalho de investigação. .

Gostaria de manter em registo os meus **pais** pelo seu amor, oração, confiança, apoio consistente e bons votos e sem eles este trabalho não seria possível.

Lista de Números

1. ABSTRACT

O receptor do factor de crescimento epidérmico (EGFR) está a ser investigado como alvo terapêutico para os cancros. As linhas celulares do cancro do cólon dependem variavelmente da estimulação autocrítica do EGFR. Examinei os efeitos de um inibidor selectivo de tirosina quinase EGFR, Gefitinib ("Iressa", ZD1839), na proliferação e sobrevivência de linhas de células cancerosas do cólon cuja proliferação autónoma é dependente do ligante EGFR ou independente do ligante EGFR. Utilizando chemsketch , foram desenvolvidos 15 análogos estruturais para a Iressa, sobre como inibe o factor de crescimento epidérmico cinase; os estudos incluem a natureza do cancro do cólon e como funciona o Ireesa para parar o cancro e também explica a ligação ligand na quinase EGFR. O resultado ajuda a compreender a natureza da quinase receptora do factor de crescimento epidérmico e como inibir o sinal intra e extracelular. As propriedades *In-silico* facilitam a concepção mais eficiente de bibliotecas de rastreio e servem de base para numerosas avaliações do perfil do composto ADME e da capacidade de fármacos ao longo da cadeia de valor da descoberta de fármacos. Também ajuda a parar o desenvolvimento do cancro; uma nova directriz para a concepção de inibidores.

2. OBJECTIVOS

- Para encontrar a melhor interacção proteína-ligante
- Para comparar os parâmetros biológicos do medicamento modificado e do medicamento comercialmente disponível, tais como peso molecular, propriedades ADME, etc.
- Para reduzir o custo , a carga de trabalho do laboratório húmido

3. INTRODUÇÃO

O cancro é caracterizado por um crescimento anormal e descontrolado que pode destruir e invadir tecidos corporais saudáveis adjacentes ou em qualquer outra parte do corpo. Todas as formas de cancro fazem com que as células do corpo mudem e fiquem fora de controlo. A maioria dos tipos de células cancerígenas formam um caroço ou massa chamada tumor. **(Winawer *et al.*, 1996)**

O cancro é a principal causa de morte nas pessoas entre a faixa etária dos 35 aos 65 anos. Com a diminuição contínua prevista das mortes por doenças cardíacas e acidentes vasculares cerebrais, o cancro tornar-se-á a principal causa de morte global de toda a população americana até ao ano 2010.

O cancro do cólon ocorre no intestino grosso e no recto. O cólon é um tubo muscular com cerca de um metro e meio de comprimento. Absorve água e nutrientes dos alimentos. O recto é a porção inferior do tracto digestivo que tem seis polegadas de comprimento, que serve de suporte às fezes, que depois passa para fora do corpo através do ânus.

Mais de 1, 60.000 pacientes por ano são diagnosticados com carcinoma colorrectal, que é a terceira malignidade mais comum. A remoção cirúrgica completa do tumor oferece a possibilidade de cura; contudo, apenas 40% a 50% dos pacientes sobrevivem mais de 5 anos. Cerca de 57.000 pessoas morreram de cancros colorrectais em 2005(aproximado). Se o cancro for detectado confinado à parede intestinal, a taxa de sobrevivência relativa de cinco anos para o cancro colorrectal é de 90%(**Aldinger *et al.*, 2003)**

Quadro 1: Carcinogénicos

Produto	Carcinogénicos Químicos	Soluções/Alternativas
Água clorada	Cloro, muitos outros	Comprar um filtro de água Comprar um filtro de duche (recomendamos um filtro para todas as fontes de água)
Champôs, detergentes, sabonetes	1,4-dioxano	Produtos naturais (verifique a sua loja local de produtos alimentares saudáveis)
Cosméticos	Ftalatos, parabenos	Procurar produtos naturais sem ftalatos
Escape automático	PAH's, benzeno, outros	Mantenha os vidros enrolados Sente-se no seu carro enquanto abastece Nunca segure a bomba para adicionar alguns cêntimos
Solventes de limpeza a seco	perc	Limpe a sua roupa em casa, ou encontre um produto de limpeza húmido ou líquido de CO2
Utensílios de cozinha antiaderentes	Ácido perfluoroctanóico (PFOA)	Usar panelas de aço inoxidável, vidro, ou revestidas de cerâmica
Alimentos à base de amido, batatas fritas	Acrilamida	Sítio Web da FDA para dados sobre a concentração deacrilamida nos alimentos, e
Airfresheners , limpeza produtos, champô	formaldeído	Escolher amigável alternativas, janelas abertas
Decapante de madeira	Cloreto de metileno	Usar uma máscara de fumos
Lustra-móveis		Azeite simples
Pesticidas	vários	Evitar casa e jardim pesticidas, useorganic equivalentes
Esmaltes	Dibutylphthalate , benzyl	Gonatural,especialmente se
Retardadores de chamas	Polibrominado difenil éteres (PBDE's)	Evitar produtos tratados com PBDE
Brinquedos para crianças (brinquedos de banho, etc.) Embalagem plástica de	Cloreto de polivinilo (PVC's)	Papel de cera, brinquedos para crianças sem PVC
Embalagem de alimentos	1,4-dioxano, acrilamida, outros	Evitar os alimentos processados, comprar a periferia da mercearia
Cera para sapatos	Nitrobenzeno, laranja 3,	Procurar alternativas naturais
Óleo sobreaquecido (por exemplo, Canola)	1,3-butadina	Não sobreaqueça o óleo, não - reutilize o óleo, evite alimentos amigos quando comer fora
Ninhada de gato	Sílica cristalina	Chooselitterwithout sílica cristalina

3.1 Anatomia do cólon e do recto

O cólon e o recto são segmentos do intestino grosso, que desempenham um papel importante na capacidade do corpo para digerir os alimentos e passar os resíduos. O cólon compõe os primeiros 5 a 6 pés do intestino grosso, e o recto compõe os últimos 6 centímetros no final.

O cólon tem quatro secções. O cólon **ascendente** é a porção do cólon que se estende de uma bolsa chamada **ceco** (o início do intestino grosso em que o intestino delgado esvazia) no lado direito do abdómen. O cólon **transversal** atravessa a parte superior do abdómen. O cólon **descendente** leva os resíduos para o lado esquerdo. Finalmente, o cólon **sigmóide** na parte inferior leva os resíduos mais alguns centímetros para baixo, até ao recto.

O cancro colorrectal pode começar tanto no cólon como no recto. O cancro que começa no cólon é chamado cancro do cólon e o cancro que começa no recto é chamado cancro rectal.

A maioria dos cancros colorrectais começa em pólipos, crescimentos não cancerosos que podem desenvolver-se na parede interior do cólon e do recto à medida que as pessoas envelhecem. Os pólipos são por vezes chamados **adenomas**. Como certos tipos de pólipos podem eventualmente tornar-se cancerosos, uma forma de prevenir o cancro colorrectal é detectar e remover os pólipos antes que estes se tornem cancerosos.

A maioria dos cancros do cólon e rectal formam tumores cancerosos chamados carcinomas adeno, cancros das células que revestem o tecido interno do cólon e do recto. Outros tipos de tumores, tais como tumores carcinoides, tumores estromais gastrointestinais, e linfomas, podem também começar no cólon ou no recto.

O cólon humano é um órgão muscular, em forma de tubo, medindo cerca de 4 pés de comprimento. Estende-se desde a extremidade do nosso intestino delgado até ao ânus, torcendo e virando através do abdómen.

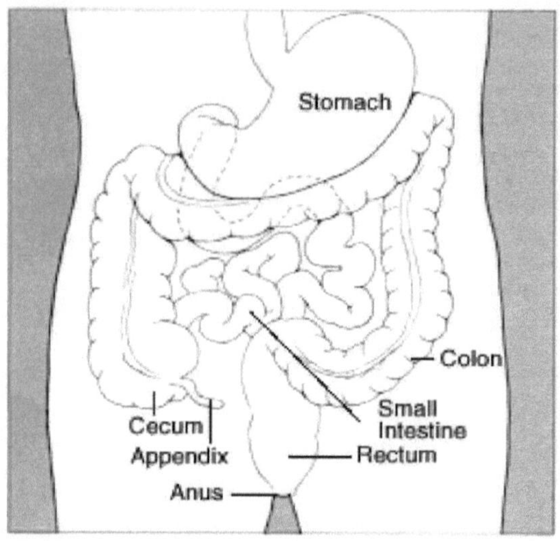

Fig.1: Cólon, recto, e outras partes do sistema digestivo

O cólon tem 3 funções principais:

- Digerir e absorver nutrientes dos alimentos

- Concentrar o material fecal através da absorção de fluido (e electrólitos) a partir dele

- Armazenar e controlar a evacuação do material fecal

O lado direito do nosso cólon desempenha um papel importante na absorção de água e electrólitos, enquanto que o lado esquerdo é responsável pelo armazenamento e evacuação das fezes. (**Aldinger *et al.*, 2003**)

3.2 Tumores em Cólon

Tumores no Cecum e Cólon Ascendente (Cólon Direita)

A matéria residual na primeira porção do cólon está na forma líquida ou semi-líquida. Os tumores que aqui se desenvolvem não alteram os hábitos intestinais ou a formação de fezes, mas podem causar hemorragias intermitentes ou crónicas. Embora as fezes pareçam normais, os doentes podem desenvolver sintomas de anemia por deficiência de ferro. Tais sintomas incluem fraqueza, fadiga, palpitações cardíacas, falta de ar, e intolerância ao exercício.

Tumores no Cólon Transverso

O material residual passa através dos quadrantes superiores do abdómen (o cólon transversal), o intestino absorve água, e o material residual torna-se mais sólido. Para além de sangramento, os tumores aqui podem causar cólicas, gás, obstrução parcial ou total, e até perfuração do intestino. Também pode ocorrer anemia, tal como descrito acima.

Tumores no Cólon Descendente e no Rectum (Cólon Esquerdo)

Quando os tumores bloqueiam parcialmente o intestino inferior, podem formar-se fezes finas, em forma de lápis. Os hábitos intestinais podem mudar. Os tumores no recto e na parte mais baixa do intestino podem causar dor e uma sensação de plenitude. A defecação pode ser dolorosa ou os pacientes podem sentir a vontade de defecar, mas nada acontece. A hemorragia a partir destes locais pode ser rápida e vermelha brilhante ou castanha (**Schilsky, 2003**).

3.3 Outras causas do cancro do cólon

Pólipos

Os pólipos são crescimentos que ocorrem no interior do cólon e do recto. Os pólipos não são cancro, mas alguns tipos de pólipos podem desenvolver-se em cancro colorrectal. Os testes de rastreio podem ajudar a detectar os pólipos, e a sua remoção pode prevenir a formação de cancro colorrectal.

Doença inflamatória intestinal (IBD)

Pessoas com DII, tais como colite ulcerativa ou doença de **Crohn,** podem desenvolver um revestimento anormal dos seus cólons, o que aumenta o risco de cancro do cólon. A DII não é o mesmo que a síndrome do cólon irritável.

Fumar

Estudos recentes mostraram que os fumadores são mais propensos a morrer de cancro colorrectal do que os não fumadores.

Iactividade física e obesidade

O estilo de vida inactivo (sem exercício e com muitas sessões) e ter quantidades de gordura corporal superiores às normais pode aumentar o risco de cancro do cólon. (**Shulman, 1995**).

Dieta e suplementos

Uma dieta rica em frutas e vegetais e pobre em carne vermelha pode ajudar a reduzir o risco de cancro do cólon. Alguns estudos também descobriram que as pessoas que tomam ácido fólico e suplementos de cálcio têm um risco mais baixo de cancro colorrectal.

3.4 Sintomas de cancro do cólon

- Uma mudança nos hábitos intestinais

- Diarreia, obstipação, ou sensação de que o intestino não se esvazia completamente.

- Sangue vermelho brilhante ou muito escuro nas fezes.

- Fica com um aspecto mais estreito ou mais fino do que o normal.

- Desconforto no abdómen, incluindo dores de gás frequentes, inchaço, plenitude e cãibras.

- Perda de peso sem explicação conhecida.

- Constante cansaço ou fadiga.

- Anemia inexplicada (menos números de glóbulos vermelhos) (Winawer *et al.*).

3.5 Fases do cancro do cólon

Etapa I

Na fase I, o cancro alastrou para além da camada mais interna do tecido da parede do cólon, até às camadas médias. O cancro do cólon da fase I é por vezes chamado de **cancro do cólon dos Duques.**

Etapa II

- Fase **II A**: O cancro alastrou para além das camadas médias do tecido da parede do cólon ou alastrou para tecidos próximos à volta do cólon ou do recto.

- Etapa **II B**: O cancro alastrou para além da parede do cólon para órgãos próximos e/ou através do peritoneu.

- O cancro do cólon da fase II é por vezes chamado **cancro do cólon de Dukes B**.

Etapa III

Fase III A: O cancro alastrou desde a camada mais interna do tecido da parede do cólon até às camadas médias e alastrou até 3 gânglios linfáticos.

Fase III B: O cancro alastrou a 3 gânglios linfáticos próximos e alastrou:

- para além das camadas médias do tecido da parede do cólon; ou
- a tecidos próximos à volta do cólon ou do recto; ou
- para além da parede do cólon em órgãos próximos e/ou através do peritoneu.

Fase III C: O cancro alastrou para 4 ou mais gânglios linfáticos próximos e alastrou:

- para ou para além das camadas médias do tecido da parede do cólon; ou
- a tecidos próximos à volta do cólon ou do recto; ou
- a órgãos próximos e/ou através do peritoneu

O cancro do cólon da fase III é por vezes chamado **cancro do cólon C de Dukes.**

Etapa IV

Na fase IV, o cancro pode ter-se propagado aos gânglios linfáticos próximos e ter-se espalhado por outras partes do corpo, tais como o fígado ou os pulmões. A fase IV do cancro do cólon é por vezes designada por **cancro do cólon dos Duques D. (Lynch *et al.*, 1996)**

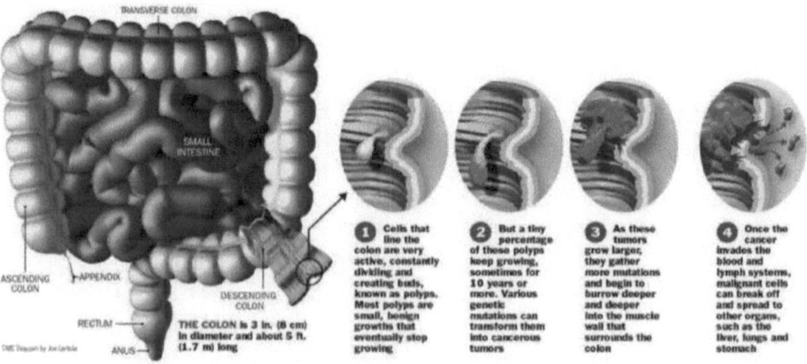

Fig2: Imagem que representa o cancro do cólon

3.6 Padrões de diagnóstico

Testes que examinam o recto, tecido rectal e sangue são utilizados para detectar (encontrar) e diagnosticar o cancro do cólon.

Teste de sangue oculto feacal: Um teste para verificar fezes (resíduos sólidos) para sangue que só pode ser visto com um microscópio. Pequenas amostras de fezes são colocadas em cartões especiais e devolvidas ao médico ou laboratório para serem testadas.

Enema de bário: Uma série de radiografias do tracto gastrointestinal inferior. Um líquido que contém bário é colocado no recto. O bário reveste o tracto gastrointestinal inferior e são tomadas radiografias. Este procedimento também é designado como uma série inferior de IG.

Colonoscopia: Um procedimento para procurar dentro do recto e cólon para pólipos, áreas anormais, ou cancro. Um colonoscópio é inserido através do recto no cólon.

Biopsia: Podem ser colhidos polipos ou amostras de tecido para biopsia. A remoção de células ou tecidos para que possam ser vistos ao microscópio para verificação de sinais de cancro. (**Lipkin, 2002**)

THERAPY

3.7 EGFR como um alvo na terapia do cancro

O receptor do factor de crescimento epidérmico (EGFR) demonstrou desempenhar um papel crítico na regulação do crescimento, reparação e sobrevivência das células tumorais, angiogénese, invasão e metástase, e é expresso numa percentagem significativa de tumores humanos. Além disso, a expressão EGFR está correlacionada com o mau prognóstico e a diminuição da sobrevivência em numerosos cancros. Assim, foi postulado que agentes concebidos para bloquear a actividade do EGFR inibirão a fosforilação e a transdução de sinal, resultando em múltiplos mecanismos antitumorais, bem como no reforço dos efeitos antitumorais da quimioterapia e radioterapia. A actividade aditiva ou sinérgica dos inibidores do EGFR com uma variedade de agentes quimioterápicos e radioterapia foi demonstrada numa série de ensaios pré-clínicos, contra várias linhas de células tumorais. (**Knecht *et al.*,** 2003)

3.8 EGFR como Receptor

O receptor do factor de crescimento epidérmico (EGF) é um dos primeiros receptores do factor de crescimento descoberto. O factor de crescimento epidérmico (EGF) é uma pequena proteína mitogénica que se pensa estar envolvida em mecanismos como o crescimento celular normal, oncogénese, e cicatrização de feridas. O EGF é uma pequena proteína longa de 53 aminoácidos que se pensa estar envolvida em mecanismos como o crescimento celular normal, oncogénese, e cicatrização de feridas. O EGF é um pequeno resíduo de 53 aminoácidos de proteína longa que contém três pontes de dissulfureto. Uma equipa de cientistas australianos ganhou a corrida para determinar a estrutura tridimensional de uma importante molécula de proteína em humanos. A proteína, o receptor do factor de crescimento epidérmico (EGF) - foi detectada em células cancerosas há mais de 20 anos e em laboratórios. (**Knecht *et al.*, 2003**)

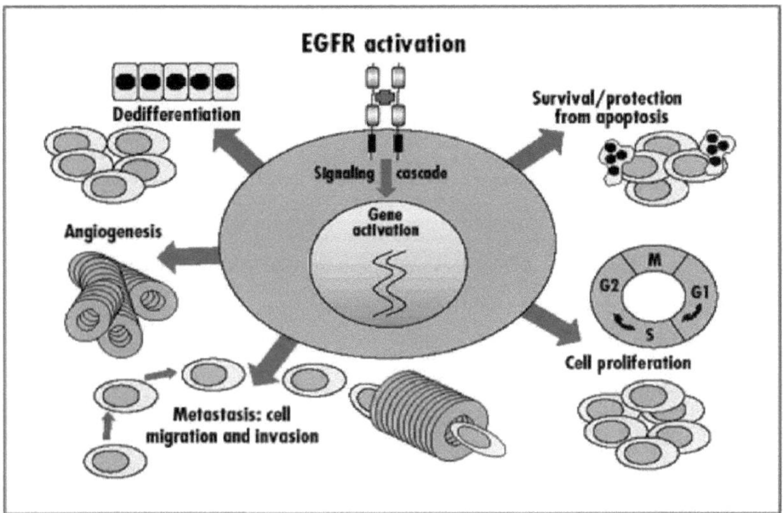

Fig 3: Funcionamento do EGFR como receptor

Terapias anti-cancerígenas orientadas pela EGFR:

A biologia do receptor do factor de crescimento epidérmico (EGFR) sugere o seu potencial como alvo para a terapia anti-cancerígena listada como abaixo:

a) Anticorpos anti-EGFR

O anticorpo liga-se à superfície celular EGFR, impedindo a ligação ligand e a transdução do sinal, e resultando na internalização e degradação do complexo receptor-anticorpo.

b) Inibidores da tirosina cinase (TK)

Os inibidores ligam-se ao EGFR TK intracelularmente, inibindo a actividade da cinase e bloqueando a transdução do sinal.

c) Conjuntos de liga-toxina e imunotoxina

Os conjugados liga-toxina compreendem um ligante EGFR conjugado com toxina, e a internalização dos resultados complexos na inibição da síntese de proteínas e morte celular. Os imunoconjugados compreendem um anticorpo anti-EGFR conjugado com a toxina.

d) Oligonucleótidos Antisense

EGFR ou factor de crescimento transformador (TGF)-a, oligonucleótidos antisensos são dirigidos ao ADN ou RNA e, em última análise, previnem a síntese de proteínas e promovem a morte celular.

3.9 Desenho de drogas *in-silico*

Estruturas de cada vez mais alvos proteicos tornam-se disponíveis através da cristalografia, RMN e métodos bioinformáticos, há uma procura crescente de ferramentas computacionais que possam identificar e analisar sítios activos e sugerir potenciais moléculas de drogas que se possam ligar especificamente a esses sítios. Relativamente ao desenvolvimento de novos medicamentos, são delineadas as tendências do novo medicamento, incluindo medicamentos anticorpos, células dentricas, vacina contra o cancro, terapia genética, e a interferência do ARN. Estão a ser conseguidas mudanças desde a descoberta de fármacos visando receptores de fármacos e inibidores de enzimas através do rastreio, até à descoberta de fármacos com produtos de altos polímeros, incluindo o gene, moléculas alvo, proteínas, anticorpos, células imunitárias, e ácido ribonucleico através da aplicação de biologia molecular e tecnologia de engenharia genética. Além disso, o medicamento está a crescer e a evoluir da ferramenta do tratamento sintomático para a ferramenta da cura radical (**Knecht *et al.* **, 2003).

Aplicação da concepção de medicamentos:

O tempo e o custo necessários para conceber um novo medicamento são imensos e a um nível inaceitável. De acordo com algumas estimativas, custa cerca de 880 milhões de dólares e 14 anos de investigação para desenvolver um novo medicamento antes da sua introdução no mercado. A intervenção de computadores em algumas etapas plausíveis é imperativa para reduzir o custo e o tempo necessários no processo de descoberta do medicamento. Também para combater doenças potencialmente fatais como a SIDA, Tuberculose, Cancro, etc., é essencial um impulso global. Milhões para o Viagra e cêntimos para as doenças dos pobres é a situação actual do investimento em Pharma.

CONCEPÇÃO DE MEDICAMENTOS COM BASE NA ESTRUTURA

Isto pode ajudar a que os melhores compostos sejam mais rapidamente avaliados por Regine Bohacek, a antiga chefe de design de medicamentos da Ariad Pharmaceuticals e agora presidente da Boston De Novo Design. (Ariad é um dos seus principais clientes.) Ariad teve sucesso na utilização de métodos baseados em estruturas para descobrir inibidores para alvos refractários como o domínio SH2 de Src, uma tirosina cinase implicada na osteoporose e outras doenças relacionadas com os ossos. "Utilizando os nossos métodos, fomos capazes de aumentar a afinidade de ligação e melhorar dramaticamente os nossos compostos num espaço de tempo muito curto" é a sua citação. Bo hacek diz. "Se alistarmos milhares de químicos e os deixarmos fazer tudo o que eles quiserem, certamente que acabaremos por criar compostos de ligação apertada, mas isso poderá levar anos e anos. Podemos filtrar os compostos no computador. Estamos a começar a ser capazes de prever quais se ligarão bem ao site de encadernação". No Ariad, o modo de ligação de compostos sintetizados ao alvo é rapidamente determinado com cristalografia de raios X e RMN. O acordo entre as estruturas previstas e experimentais valida os seus métodos computacionais.

Tabela 4: Custo e tempo envolvido nas descobertas de drogas* C*v

Descoberta do alvo

2,5 anos ↓ 4%

Geração de Chumbo e Optimização de Chumbo

3,9 anos ↓ 15%

Desenvolvimento pré-clínico

1.0yrs ↓ *10%*

Ensaios clínicos das fases I, II e III

6.0yrs ↓ 68%

Revisão e aprovação da FDA

1,5yrs ↓ *3%*

Droga para o Mercado

14 vrsS880milhões

(Fonte : PAREXEL, PAREXEL 5 Pharmaceutical R&D Stastical Sourcebook. 2001. p96)

3.10 Opções actualmente disponíveis para o tratamento de muitos tumores sólidos

Quinazolines

As moléculas derivadas da quinazolina estão entre os inibidores de TK mais activos com a maior selectividade para o EGFR. Estudos pré-clínicos sugerem que estes agentes travam a progressão do ciclo celular na fase G1.

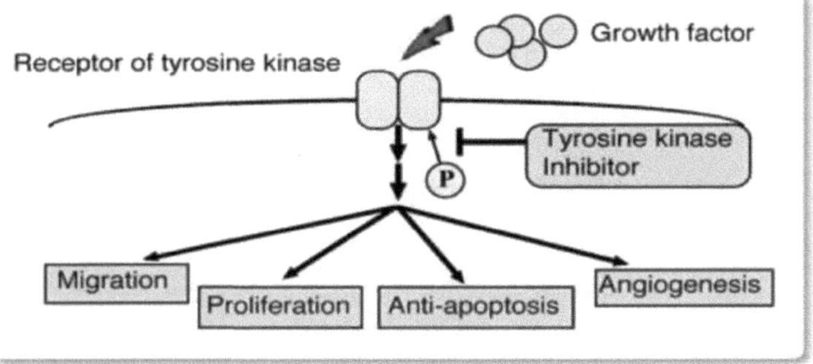

Vários agentes estão em desenvolvimento, incluindo

- **Gefitinibe** (ZD1839, Iressa®)- um inibidor selectivo e reversível do EGFR TK.
- **Erlotinibe** (OSI-774, Tarceva™)- um inibidor selectivo e reversível do EGFR TK.
- CI 1033-um inibidor irreversível de **anilinoquinazolina TK** específico para todos os membros da família EGFR.
- PD 153035-um composto precoce de **4-anilinoquinazolina** do qual deriva o inibidor irreversível de TK PD 168393
- GW2016-6-tiazolilquinazolina-derivante de **TK** inibidor específico para ambos EGFR e HER2
- AG-1478-inibidor do EGFR e HER 2 TK
- EKB-569-um inibidor irreversível do EGFR TK

Pyrazolo-/pyrrolo-/pyridopyrimidines

Semelhantes às quinazolinas, estes compostos são selectivos para EGFR TK. Vários agentes estão em desenvolvimento, incluindo

- STI-571-oralmente activo inibidor do crescimento de TK em xenoenxertos tumorais humanos

- PKI 166- inibidor oralmente activo do xenoenxerto tumoral *in vivo*, expressando grande afinidade pelo EGFR TK

PD 158780 - um derivado da piridopirimidina eficaz contra todos os membros da família EGFR. (**Wolber*et al.*, 2005**)

Erbitux™ (anteriormente conhecido como IMC-C225)

É um anticorpo monoclonal quimerizado altamente específico que se liga ao EGFR e bloqueia a capacidade do EGF para iniciar a activação e sinalização do receptor ao tumor. Este bloqueio resulta numa inibição do crescimento tumoral ao interferir com os efeitos da activação do EGFR, incluindo o tumor.

ERBITUX™ tem sido utilizado em combinação com quimioterapia e radiação em modelos animais de cancros humanos. Estes resultados pré-clínicos indicam que quando combinados com quimioterapia ou radiação, o tratamento ERBITUX™ proporciona um efeito antitumoral reforçado, resultando na eliminação de tumores e na sobrevivência a longo prazo dos animais.

Foram realizados vários estudos clínicos de Fase I/II em vários tipos de tumores sólidos para avaliar ERBITUX™ em combinação com quimioterapia ou radiação. Neste contexto, o tratamento com ERBITUX™ resultou na inibição do crescimento tumoral com um perfil de segurança aceitável. O principal efeito secundário observado em estudos clínicos até à data tem sido uma erupção cutânea tipo acne que é resolvida após a interrupção do tratamento. Em casos raros, a anafilaxia foi observada durante a primeira dose de ERBITUX™. Este efeito secundário tem sido associado a todas as terapias baseadas em anticorpos. Além disso, o ERBITUX™ não foi observado para causar os tipos de efeitos secundários normalmente observados no tratamento com quimioterapia e radiação.

Erbitux é um tipo único de tratamento chamado anticorpo monoclonal e é o primeiro tratamento deste tipo para o cancro do cólon. Os anticorpos são a defesa natural do corpo contra substâncias estranhas, tais como infecções ou células cancerígenas. Os anticorpos monoclonais são produzidos em laboratório para atingir uma porção muito específica de substâncias estranhas. Devido à sua precisão, idealmente o tratamento é mais eficaz e tem menos efeitos secundários. (**Pazdur, 2002**)

Curcumina

A inibição da activação liga-induzida do receptor do factor de crescimento epidérmico tirosina fosforilação foi realizada por inibidor da cinase, curcumina. A regulação do factor de crescimento epidérmico (EGF) - activação mediada da fosforilação do receptor EGF (EGF-R) por este recentemente identificado inibidor da cinase curcumina (diferuloyl-metano), em células NIH 3T3 cultivadas que expressam EGF-R humano. O tratamento das células com uma concentração saturadora de EGF durante 5-15 minutos induziu um aumento de 4 a 11 vezes da fosforilação de EGF-R e esta foi inibida de forma doseada e dependente do tempo em até 90% pela curcumina, o que também inibiu o crescimento de células estimuladas por EGF. Não houve efeito do tratamento com curcumina sobre a quantidade de expressão superficial do EGF-R rotulado e a inibição da fosforilação mediada por EGF-R pela curcumina foi mediada por um mecanismo reversível. Além disso, a curcumina também inibiu a libertação de cálcio induzida por EGF, mas não por bradicinina. Estas descobertas demonstram que a curcumina é um potente inibidor de uma via de estimulação do crescimento, a activação liga-induzida do EGF-R, e pode ser potencialmente útil no desenvolvimento de estratégias anti-proliferativas para controlar o crescimento de células tumorais.

Eloxatina (Oxaliplatina)

A eloxatina (Oxaliplatina) é um medicamento anticancerígeno à base de platina utilizado no tratamento do cancro colorrectal recorrente ou cancro colorrectal avançado. É administrado intravenoso em combinação com 5-fluorouracil mais leucovorina (5FU/LV).

A franquia de ancoragem oncológica é **Tarceva™ (Erlotinib HCl)**, um pequeno inibidor de moléculas do receptor do factor de crescimento epidérmico, ou HER1/EGFR. O produto proteico do gene HER1/EGFR é uma tirosina quinase receptora que é sobreexpressa ou mutada em muitos tumores sólidos importantes. Acreditamos que os inibidores HER1/EGFR representam uma nova classe excitante de agentes anti-cancerígenos relativamente seguros e bem tolerados que podem ter utilidade no tratamento de uma vasta gama de pacientes com cancro. Tarceva™ é um medicamento oral, uma vez por dia, de pequena molécula, concebido para bloquear especificamente a actividade da proteína HER1/EGFR. O Tarceva™ está a ser desenvolvido numa aliança global com a Genentech e a Roche. Este esforço global de co-desenvolvimento e comercialização inclui um amplo programa de ensaios clínicos de Fase III que está orientado para um registo eficaz na FDA dos EUA, bem como em outras agências reguladoras internacionais. O programa de Fase III Tarceva™ inclui um estudo de um único agente (versus os melhores cuidados de apoio) para o tratamento do cancro do pulmão refractário de células não pequenas. **(Pazdur, 2002)**

IMC-C225 (cetuximab)

O Cancer Centre em Nova Iorque descobriu que o IMC-C225 (cetuximab) bloqueou efectivamente os receptores do factor de crescimento epidérmico (EGFR) e alcançou uma taxa de resposta importante em pacientes que tinham falhado o tratamento padrão com fluorouracil e irinotecan. **(Flohr*et al.*,2002)**

FOLFOX (fluorouracil e leucovorinplus oxaliplatina)

Verificou-se que aumenta a sobrevivência em 4,5 meses ao longo da terapia padrão de IFL (irinotecan, fluorouracil, e leucovorin). Um ensaio clínico de fase III separado descobriu que o Avastin acrescentou ao IFL aumentou a sobrevivência em 5 meses. **(Deborah Schrag, 2004)**

Gefitinib ('Iressa', ZD1839):

Iressa é um medicamento anticancerígeno que inibe uma enzima (tirosina quinase) presente nas células cancerosas do cólon, bem como outros cancros e tecidos normais que parecem ser importantes para o crescimento de células cancerosas. É tomado sozinho, não com outra quimioterapia. **(Fujiwara *et al.*, 2003)**

<u>**Mecanismo de Acção**</u>

O gefitinibe é um inibidor da tirosina quinase EGFR. Funciona ligando-se à enzima intracelular (tirosina cinase) do EGFR para bloquear directamente os sinais ligados por gatilhos fora ou dentro da célula. A actividade do factor de crescimento epidérmico e o seu receptor, o EGFR, foram identificados como factores-chave no processo de crescimento celular e concentração do ligando em torno da célula, um aumento do número de receptores ou uma diminuição da rotação dos receptores ou mutação dos receptores, pode levar a um aumento do impulso para a célula se replicar. Existe agora um conjunto de provas que mostram que a propulsão mediada por EGFR é aumentada numa grande variedade de tumores sólidos, incluindo cancro do pulmão não pequeno, cancro da próstata, cancro da mama, cancro gástrico, cancro do cólon, cancro dos ovários e tumores da cabeça e do pescoço.

Gefitinib é uma anilinoquinazolina com o nome químico 4-Quinazolinamina. O mecanismo da acção clínica antitumoral do gefitinibe não é totalmente caracterizado. O gefitinib inibe a fosforilação intracelular de numerosas tirosinases associadas aos receptores de superfície das células trans membranas, incluindo as tirosinases associadas ao receptor do factor de crescimento epidérmico (EGFR-TK). A EGFR é expressa na superfície celular de muitas células normais e células cancerosas. Não foram realizados estudos clínicos que demonstrem uma correlação entre a expressão do receptor EGFR e a resposta ao gefitinibe. (**Fujiwara** *et al.*, **2003**)

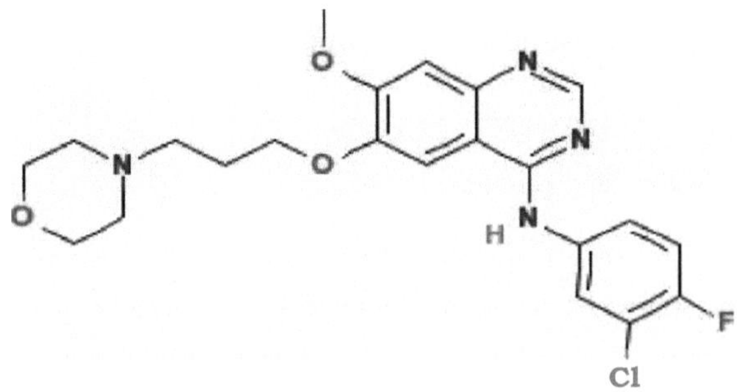

Fig 4: Estrutura do fármaco Iressa

4. MATERIAIS E MÉTODOS

Para a interacção *insilico* ligante, a sequência e estrutura EGFR (alvo) foi recuperada do Protein Databank (PDB) e a estrutura do ligante foi desenhada usando Chemsketch, a ferramenta *Insilico*. As propriedades de cada ligando foram analisadas utilizando o software Chemdraw e Build QSAR. A acoplagem das moléculas alvo (EGFR) - ligando (análogos Iressa) foram estudadas utilizando a ferramenta de acoplagem HEX, sobrepondo as suas estruturas.

4.1 BANCO DE DADOS UTILIZADO:

4.1.1 Banco de Dados de Proteínas

O Banco de Dados de Proteínas (PDB) é um arquivo de estruturas tridimensionais de macromoléculas biológicas determinadas experimentalmente, servindo uma comunidade global de investigadores, educadores, e estudantes. Os arquivos contêm coordenadas atómicas, citações bibliográficas, informação de estruturas primárias e secundárias, bem como factores de estruturas cristalográficas e dados experimentais de NMR.

4.2 SOFTWARE UTILIZADO:

4.2.1. CHEMSKETCH

O ACD/chemsketch é um pacote de software de desenho químico do desenvolvimento químico avançado. Pode ser utilizado sozinho ou integrado com outras aplicações. Chemsketch é utilizado para desenhar estruturas químicas, reacções e diagramas esquemáticos.

O ACD/chemsketch tem as seguintes capacidades principais:

- **Modo de estrutura para desenho da estrutura química.**
- **Modo de Desenho para processamento de texto e gráficos.**
- **Cálculos das propriedades moleculares.**

ChemOffice Ultra

ChemOffice Ultra 2000 é o principal software de química de secretária do mundo. Ao integrar as aplicações mais poderosas num ambiente de química de secretária, Cambridge Soft fornece-nos o melhor conjunto de química para levar a nossa investigação a novos patamares. ChemOffice Ultra 2000 inclui tudo isto, fornecendo ChemDraw Ultra, Chem3D Ultra, e ChemFinder Ultra para uma suite perfeitamente integrada que satisfaz as necessidades diárias dos químicos, mecanismos de reacção de desenho para publicação e visualização de superfícies moleculares 3D, orbitais e propriedades moleculares.

As novas características incluem AutoNom de Beilstein, superfícies Connolly, e ChemFinder para Microsoft Excel 97.

ChemDraw

ChemDraw Ultra 5.0 é um gerador de nome para estrutura (Name=Struct), construído através do programa AutoNom Versão 2.1 de Beilstein, exibição de espectros de linha NMR estimada, visualização de ficheiros espectrais, uma nova versão do ChemDraw Plug-in, e interfaces de programação melhoradas.

Chem3D Ultra

Chem3D Ultra 5.0 traz para o seu computador de secretária gráficos de superfície molecular de qualidade e métodos de cálculo intensos. A estreita integração com vários pacotes de análise molecular e um ambiente de configuração de cálculo integrado fazem da Chem3D o front-end ideal para a sua necessidade de modelação e análise molecular.

Chemfinder

Chemfinder Ultra 5.0 é o pacote de informação química ideal para os utilizadores que queiram criar bases de dados químicos para armazenamento e recuperação rápida ou utilizar bases de dados pré-existentes.

4.2.2. HEX

Hex é uma ferramenta de ancoragem.é concebida para prever pequenas moléculas, tais como substratos ou candidatos a drogas, ligar-se ao receptor da estrutura 3D conhecida.

4.2.3. QSAR

Um QSAR (Quantitative Structure-Activity Relationship) é uma relação multivariada, matemática entre um conjunto de propriedades físico-químicas 2D e 3D) e a actividade biológica. A relação QSAR é expressa como uma equação matemática. O QSAR proporciona uma visão básica das relações estrutura-propriedade.

Construir uma equação QSAR, incluir:

- Entreringmoleculesin um conjunto de formações   .
- Dados sobre a actividade microbiológica.
- Enteringmoleculardescriptors   .
- Exploração dos dados.
- Geração de uma equação QSAR.
- Validar e salvar a equação QSAR.

Atracagem Ligand-Receptor

Em conformidade com a ideia de que cada "fechadura" tem uma "chave", podemos construir, procurar e combinar várias moléculas com o sítio activo de um receptor. O objectivo é utilizar o conhecimento do ligando e do receptor para fazer previsões se e como estas irão formar um complexo nãoovalentemente ligado. Aqui um ligando é uma pequena molécula orgânica com um tamanho de cerca de 10 a 200 átomos. O receptor é uma proteína, geralmente de um tamanho muito maior do que o ligando. Podem ser feitas previsões sobre como o ligando e o receptor irão interagir para formar um complexo. A abordagem computacional a isto chama-se ***atracagem***.

Pode-se assumir que para um complexo formado por um ligante nativo e o seu receptor corresponde a um estado em que a energia de ligação livre é mínima.

Com este conhecimento, o problema da atracagem torna-se uma tarefa de minimização de energia para encontrar o modo de ligação de energia livre mais baixo para o receptor e um ligando putativo. Em geral, há dois objectivos de estudos de acoplagem: modelação estrutural precisa e previsão correcta da actividade. O processo de ancoragem envolve a previsão da conformação e orientação ligand ou a postagem dentro de um local de ligação visado.

4.2.4. OBJECTIVOS DE ATRACAGEM:

1) **Caracterizar site de ligação** - fazer uma imagem de site de ligação com pontos de interacção.

2) **Ligante oriente em sítio de encadernação**

3) **Avaliar a força da interacção:-** $\square$ $\square G_{bind} = {}_{complexo} \square G -$

$(\square G_{ligand} + \square G_{target})$

4) **Estimar a afinidade de ligação**

- Procura de estruturas de chumbo para alvos proteicos
- Comparação de um conjunto de inibidores
- Estimar a influência de modificações nas estruturas de chumbo
- De Novo Ligand Design
- Concepção de bibliotecas combinatórias específicas

5) **Previsão do complexo de moléculas**

- Compreender o modo/princípio de vinculação
- Optimização da estrutura de chumbo.

4.2.5. CÁLCULOS ENERGÉTICOS

Uma vez que os cálculos energéticos envolvem contribuições de cada átomo do sistema, as contribuições individuais dos grupos funcionais sobre o fármaco para as interacções medicamentosas ou as energias de solvação podem ser estimadas. Isto permite determinar em pormenor a relação das alterações estruturais às alterações de ligação

Cálculos de Perturbação Energética Livre:

Em cada ponto, a energia de interacção entre uma sonda e a molécula alvo é calculada utilizando a função energética de: **Interacções van der walls ($_{Evdw}$)**, **intersecções electrostáticas (Eel), e energia de ligação de hidrogénio (Ehb)**, calculada como:

$$\text{Etot} = \text{Evdw} + \text{Eel} + \text{Ehb}$$

onde a energia de interacção correspondente é calculada como:-

$$\text{Evdw} = \Sigma \text{VdW } [\text{Aij/rij12 - Bij/rij6}]$$

$$\text{Eel} = \Sigma \text{elect } [\text{qiqj/}\varepsilon\text{rij}]$$

$$\text{Ehb} = \Sigma \text{H-bonds } [\text{Vo } (1 - \text{e-a}^{(r-r0)})^{2} - V0]$$

Estes cálculos energéticos podem ser utilizados para comparar diferentes inibidores & para descobrir moléculas semelhantes.

Passos Envolvidos nas Interacções Drogas-Receptoras:

1) **Taxa de encontro controlada por difusão.**
2) **Complexo Michaelis inicial.**
3) **Desolvação tanto do inibidor como do local de ligação.**
4) **Alterações conformacionais tanto do inibidor como do local de ligação após a ligação.**
5) **Orientação correcta entre o local de ligação do medicamento e o receptor.**

5. RESULTADOS E DISCUSSÃO

Os seguintes análogos estruturais de **Iressa (Zd1839)** foram desenhados e as suas propriedades **QSAR** para a encadernação de caracteres-alvo foram calculadas utilizando o *software* **ChemOffice** e **Build QSAR** *In-silico*.

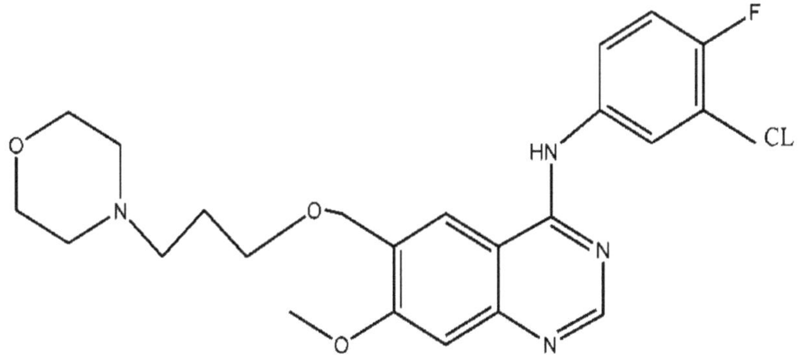

C24H29FN4O3
Massa exacta: 440.22
Mol. Wt..: 440.51
m/e: 440.22 (100.0%), 441.23 (26.4%), 442.23 (4.0%), 441.22 (1.5%)
C, 65,44; H, 6,64; F, 4,31; N, 12,72; O, 10,90

Fig 5: IRESSA Análogo 1

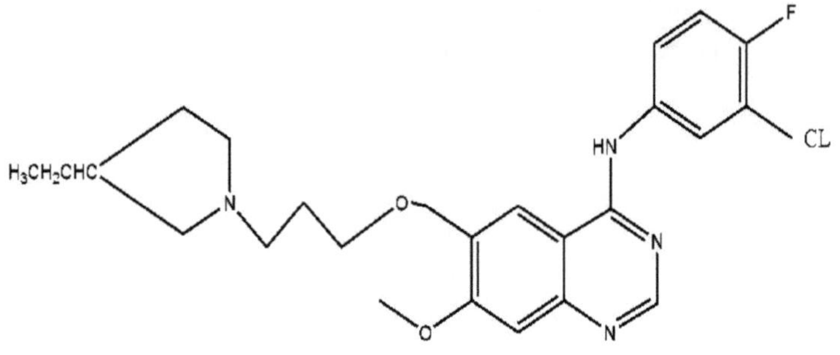

C27H35FN4O2
Massa exacta: 466.27

Mol. Wt..: 466.59

m/e: 466.27 (100.0%), 467.28 (29.7%), 468.28 (4.7%), 467.27 (1.5%)
C, 69,50; H, 7,56; F, 4,07; N, 12,01; O, 6,86

Ponto de ebulição: 1144 [K]
Ponto de fusão: 825,85 [K]
Temp. Crítico: 1026.89 [K]
Imprensa Crítica: 12.19 [Bar]
Volume crítico: 1399,5 [cm3/mol]
Gibbs Energy: 445,79 [kJ/mol]
Registo P: 5.59
MR: 136,69 [cm3/mol]
A Lei de Henry: 14.45
Calor da Forma: -207,32 [kJ/mol]
CLogP: 7.34649
CMR: 13.3767

Fig 6: IRESSA Análogo 2

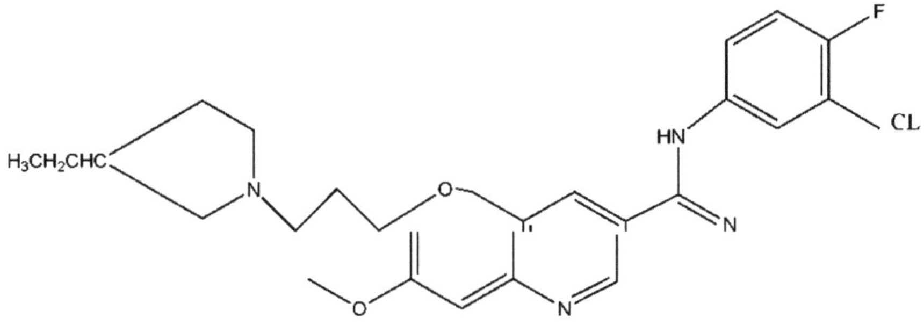

C27H35FN4O2

Massa exacta: 466.27

Mol. Wt..: 466.59

m/e: 466.27 (100.0%), 467.28 (29.7%), 468.28 (4.7%), 467.27 (1.5%)

C, 69,50; H, 7,56; F, 4,07; N, 12,01; O, 6,86

Ponto de ebulição: 1144 [K]
Ponto de fusão: 825,85 [K]
Temp. Crítico: 1026.89 [K]
Imprensa Crítica: 12.19 [Bar]
Volume crítico: 1399,5 [cm3/mol]
Gibbs Energy: 445,79 [kJ/mol]
Registo P: 5.59
MR: 136,69 [cm3/mol]
A Lei de Henry: 14.45
Calor da Forma: -207,32 [kJ/mol]
CLogP: 7.34649
CMR: 13.3767

Fig 7: IRESSA Análogo 3

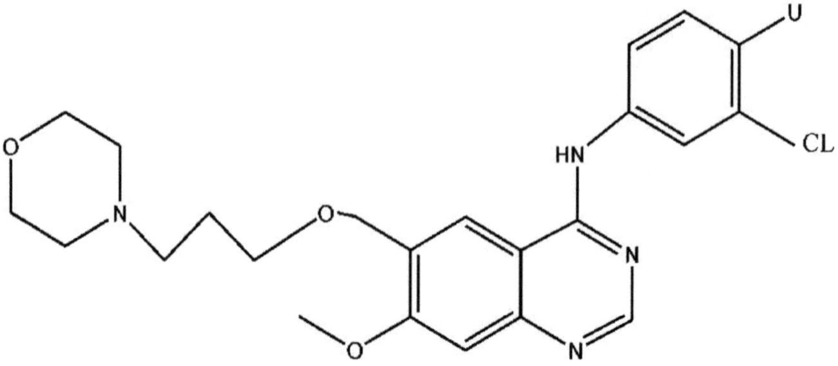

C24H29N4O3U

Massa exacta: 659.27

Mol. Wt.: 659,54

m/e: 659.27 (100.0%), 660.28 (26.4%), 661.28 (4.4%), 660.27 (1.5%)

C, 43,71; H, 4,43; N, 8,49; O, 7,28; U, 36,09

CLogP: 3.91291

CLogP: 3.91291

Fig 8: IRESSA Análogo 4

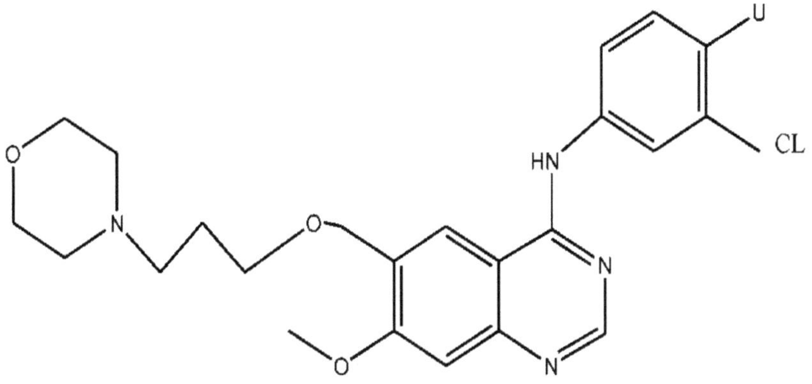

C24H29N4O3U

Massa exacta: 659.27

Mol. Wt.: 659,54

m/e: 659.27 (100.0%), 660.28 (26.4%), 661.28 (4.4%), 660.27 (1.5%)

C, 43,71; H, 4,43; N, 8,49; O, 7,28; U, 36,09

CLogP: 3.91291

Fig 15: IRESSA Análogo 11

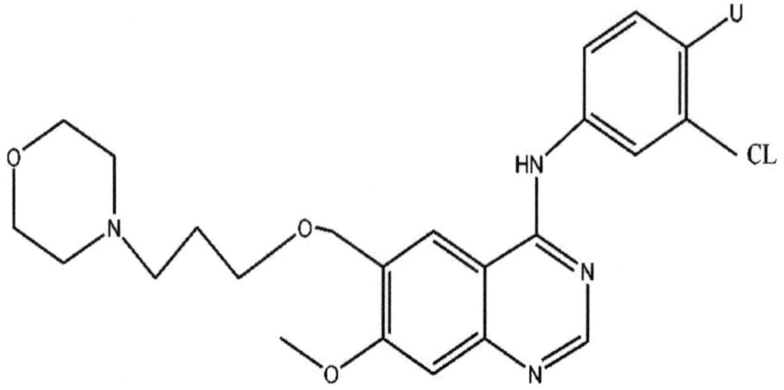

C24H29N4O3U
Massa exacta: 659.27

Mol. Wt.: 659,54

m/e: 659.27 (100.0%), 660.28 (26.4%), 661.28 (4.4%), 660.27 (1.5%)
C, 43,71; H, 4,43; N, 8,49; O, 7,28; U, 36,09

CLogP: 3.91291

Fig 10: IRESSA Análogo 6

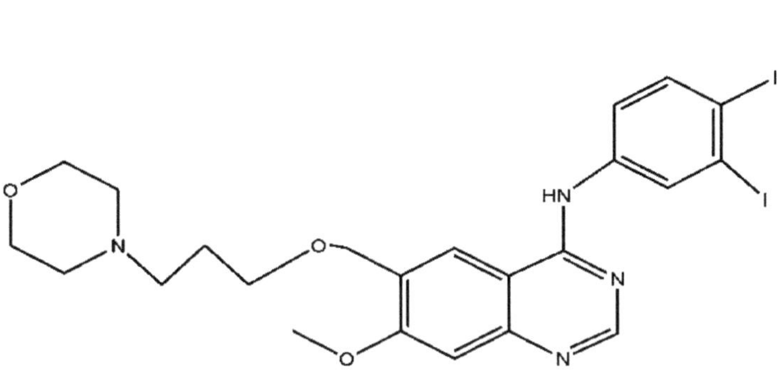

$C_{23}H_{26}I_2N_4O_3$

Massa exacta: 660.01
Mol. Wt.: 660.29
m/e: 660.01 (100.0%), 661.01 (26.5%), 662.02 (3.1%)
C, 41,84; H, 3,97; I, 38,44; N, 8,49; O, 7,27

Ponto de ebulição: 1271.11 [K]
Ponto de fusão: 927.11 [K]
Temp. Crítico: 1121.25 [K]
Imprensa Crítica: 16.59 [Bar]
Volume crítico: 1355,5 [cm3/mol]
Gibbs Energy: 644,75 [kJ/mol]
Log P: 5.78
MR: 143,13 [cm3/mol]
A Lei de Henry: 18.25
Calor da Forma: 113,43 [kJ/mol]
CLogP: 6.84212
CMR: 14.2719

Fig 11: IRESSA Análogo 7

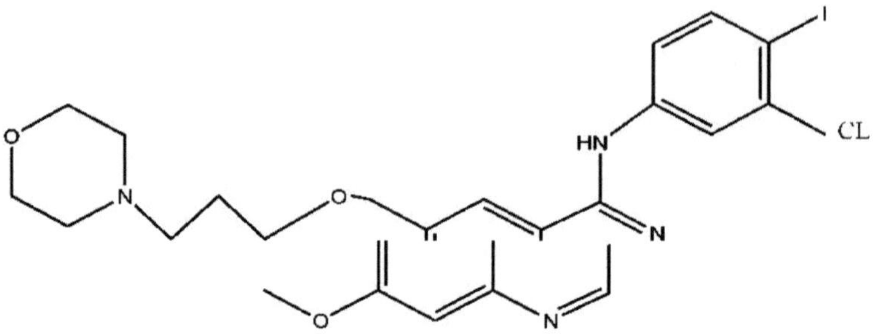

C24H29IN4O3

Massa exacta: 548.13

Mol. Wt.: 548.42

m/e: 548.13 (100.0%), 549.13 (27.9%), 550.14 (3.3%), 550.13 (1.0%)

C, 52,56; H, 5,33; I, 23,14; N, 10,22; O, 8,75

Ponto de ebulição: 1200.85 [K]

Ponto de fusão: 880.32 [K]

Temp. Crítico: 1074 [K]

Imprensa Crítica: 15.64 [Bar]

Volume crítico: 1323,5 [cm3/mol]

Gibbs Energy: 595.05 [kJ/mol]

Log P: 4.91

MR: 136,53 [cm3/mol]

A Lei de Henry: 17.57

Calor da Forma: 15,92 [kJ/mol]

CLogP: 5.90899

CMR: 13.4293

Fig 12: IRESSA Analogue 8

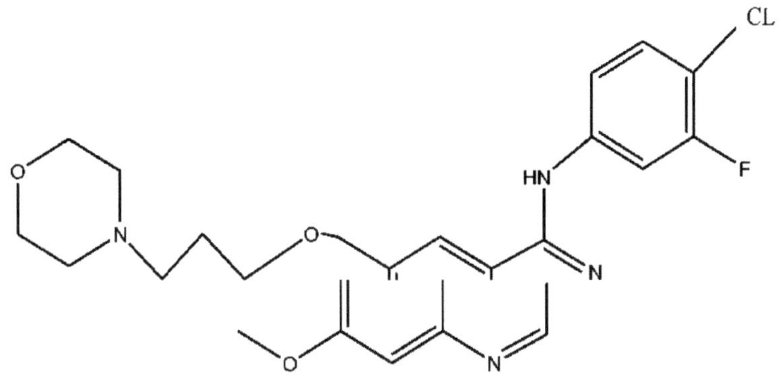

C24H29FN4O3
Massa exacta: 440.22

Mol. Wt..: 440.51

m/e: 440.22 (100.0%), 441.23 (26.4%), 442.23 (4.0%), 441.22 (1.5%)
C, 65,44; H, 6,64; F, 4,31; N, 12,72; O, 10,90

Ponto de ebulição: 1106.98 [K]
Ponto de fusão: 822,85 [K]
Temp. Crítico: 1009.88 [K]
Imprensa Crítica: 15,35 [Bar]
Critical Vol: 1253,5 [cm3/mol]
Gibbs Energia: 342,12 [kJ/mol]
Registo P: 3.71
MR: 124,44 [cm3/mol]
A Lei de Henry: 16.87
Calor da Forma: -257.06 [kJ/mol]
CLogP: 5.22899
CMR: 12.1384

Fig 13: IRESSA Análogo 9

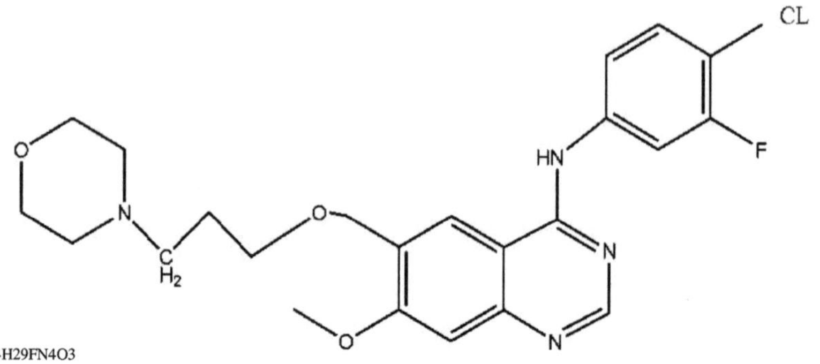

C24H29FN4O3

Massa exacta: 440.22

Mol. Wt..: 440.51
m/e: 440.22 (100.0%), 441.23 (26.4%), 442.23 (4.0%), 441.22 (1.5%)
C, 65,44; H, 6,64; F, 4,31; N, 12,72; O, 10,90

Ponto de ebulição: 1106.98 [K]
Ponto de fusão: 822,85 [K]
Temp. Crítico: 1009.88 [K]
Imprensa Crítica: 15.35 [Bar]
Volume crítico: 1253,5 [cm3/mol]
Gibbs Energy: 342,12 [kJ/mol]
Registo P: 3.71
MR: 124,44 [cm3/mol]
A Lei de Henry: 16.87
Calor da Forma: -257.06 [kJ/mol]
CLogP: 5.22899
CMR: 12.1384

Fig 14: IRESSA Análogo 10

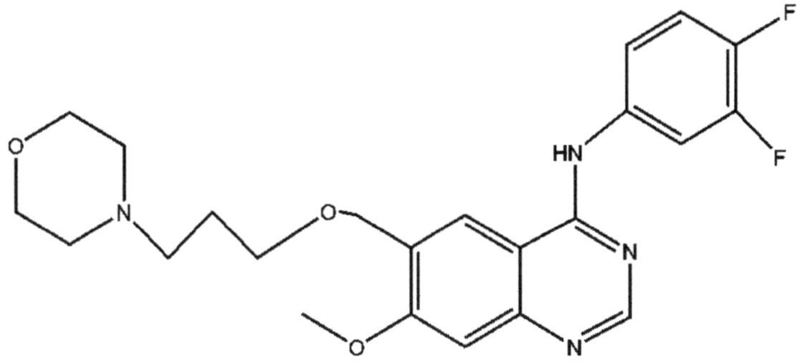

C23H26F2N4O3

Massa exacta: 444.2

Mol. Wt..: 444.47

m/e: 444.20 (100.0%), 445.20 (25.3%), 446.20 (4.0%), 445.19 (1.5%)
C, 62,15; H, 5,90; F, 8,55; N, 12,61; O, 10,80

Ponto de ebulição: 1083.37 [K]
Ponto de fusão: 812.17 [K]
Temp. Crítico: 992.77 [K]
Imprensa Crítica: 15.99 [Bar]
Vol crítico: 1215,5 [cm3/mol]
Gibbs Energy: 138,89 [kJ/mol]
Log P: 3,38
MR: 118,95 [cm3/mol]
A Lei de Henry: 16.85
Calor da Forma: -432,53 [kJ/mol]
CLogP: 4.81212
CMR: 11.6901

Fig 15: IRESSA Análogo 11

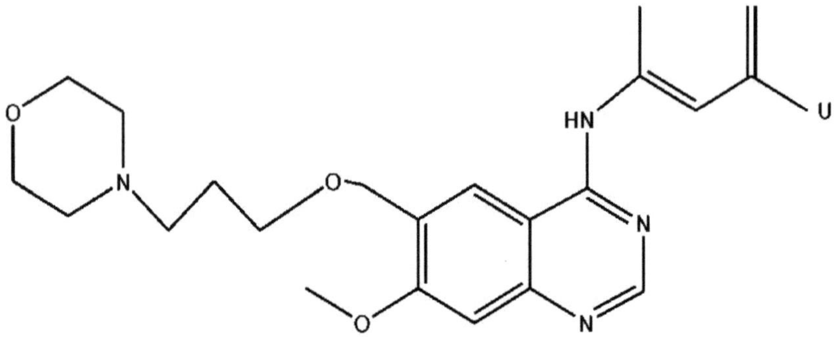

$C_{24}H_{29}FN_4O_3U$
Massa exacta: 678.27
Mol. Wt.: 678,54 m/e: 678,27 (100,0%), 679,28 (26,4%), 680,28
(4,0%), 679,27 (1,5%) C, 42,48; H, 4,31; F, 2,80; N, 8,26; O, 7,07; U,
35,08

Fig 16: IRESSA Análogo 12

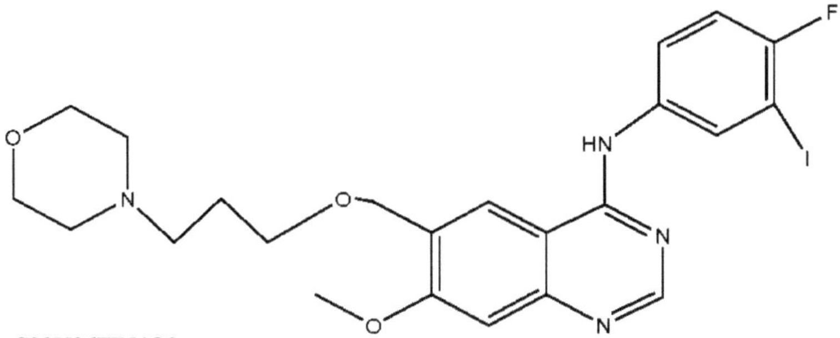

C23H26FIN4O3

Massa exacta: 552.1

Mol. Wt.: 552.38

m/e: 552.10 (100.0%), 553.11 (25.3%), 554.11 (3.7%), 553.10 (1.5%)

C, 50,01; H, 4,74; F, 3,44; I, 22,97; N, 10,14; O, 8,69

Ponto de ebulição: 1177,24 [K]
Ponto de fusão: 869,64 [K]
Temp. crítica: 1056,94 [K]
Imprensa Crítica: 16.29 [Bar]
Vol crítico: 1285,5 [cm3/mol]
Gibbs Energy: 391,82 [kJ/mol]
Log P: 4.58
MR: 131,04 [cm3/mol]
A Lei de Henry: 17.55
Calor da Forma: -159,55 [kJ/mol]
CLogP: 5.86212
CMR: 12.981

Fig 17: IRESSA Análogo 13

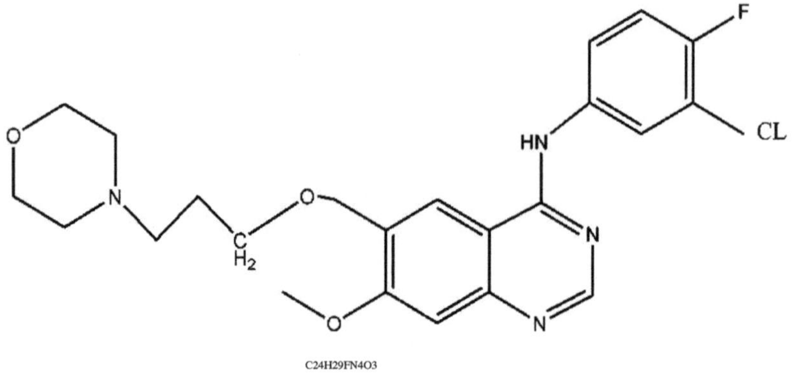

C24H29FN4O3

Massa exacta: 440.22
Mol. Wt..: 440.51
m/e: 440.22 (100.0%), 441.23 (26.4%), 442.23 (4.0%), 441.22 (1.5%)
C, 65,44; H, 6,64; F, 4,31; N, 12,72; O, 10,90

Ponto de ebulição: 1106.98 [K]
Ponto de fusão: 822,85 [K]
Temp. Crítico: 1009.88 [K]
Imprensa Crítica: 15.35 [Bar]
Volume crítico: 1253,5 [cm3/mol]
Gibbs Energy: 342,12 [kJ/mol]
Registo P: 3.71
MR: 124,44 [cm3/mol]
A Lei de Henry: 16.87
Calor da Forma: -257.06 [kJ/mol]
CLogP: 5.22899
CMR: 12.1384

Fig 15: IRESSA Análogo 11

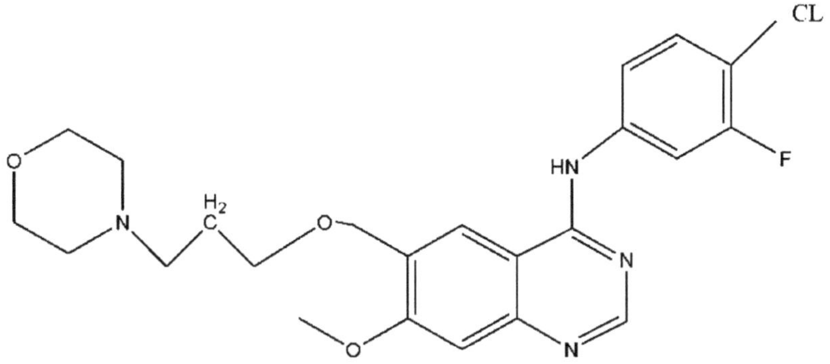

C24H29FN4O3

Massa exacta: 440.22

Mol. Wt..: 440.51

m/e: 440.22 (100.0%), 441.23 (26.4%), 442.23 (4.0%), 441.22 (1.5%)
C, 65,44; H, 6,64; F, 4,31; N, 12,72; O, 10,90

Ponto de ebulição: 1106.98 [K]
Ponto de fusão: 822,85 [K]
Temp. Crítico: 1009.88 [K]
Imprensa Crítica: 15.35 [Bar]
Volume crítico: 1253,5 [cm3/mol]
Gibbs Energy: 342,12 [kJ/mol]
Registo P: 3.71
MR: 124,44 [cm3/mol]
A Lei de Henry: 16.87
Calor da Forma: -257.06 [kJ/mol]
CLogP: 5.22899
CMR: 12.1384

Fig 15: IRESSA Análogo 11

CÁLCULO DO QSAR

Esta análise descreve a Estrutura Quantitativa Relação de Actividade Relação dos análogos de Iressa. Descreve os valores dos descritores constitucionais. A seguinte mostra as propriedades do medicamento para o qual Build QSAR dá um valor de correlação(r) igual a 1 e depois descreve a actividade prevista e observada do medicamento Iressa. Finalmente, um gráfico linear entre a actividade prevista e a observada.

Quadro 2: Propriedades dos análogos de Iressa

	LOGP	M.W	EX,MASSA	FORMULA
MOL1	3.71	440.51	440.22	C24H29FN4O3
MOL2	5.17	452.56	452.26	C26H35FN4O2
MOL3	5.59	466.59	466.27	C27H35FN402
MOL4	5.59	466.59	466.27	C27H35FN402
MOL5	3.91	659.54	659.27	C24H29FN4O3U
MOL6	3.91	659.54	659.27	C24H29FN4O3U
MOL7	3.91	659.54	659.27	C24H29FN4O3U
MOL8	5.78	660.29	660.01	C23H26I2N403
MOL9	4.91	548.42	548.13	C24H29IN403
MOL10	3.71	440.51	440.22	C24H29FN4O3
MOL11	3.71	440.51	440.22	C24H29FN4O3
MOL12	3.38	444.47	444.2	C23H26F2N403
MOL13	4.58	552.38	552.1	C23H26FIN4O3
MOL14	3.71	440.5	440.22	C24H29FN4O3
MOL15	3.71	440.5	440.22	C24H29FN4O3

**Construir Dataset
QSAR**

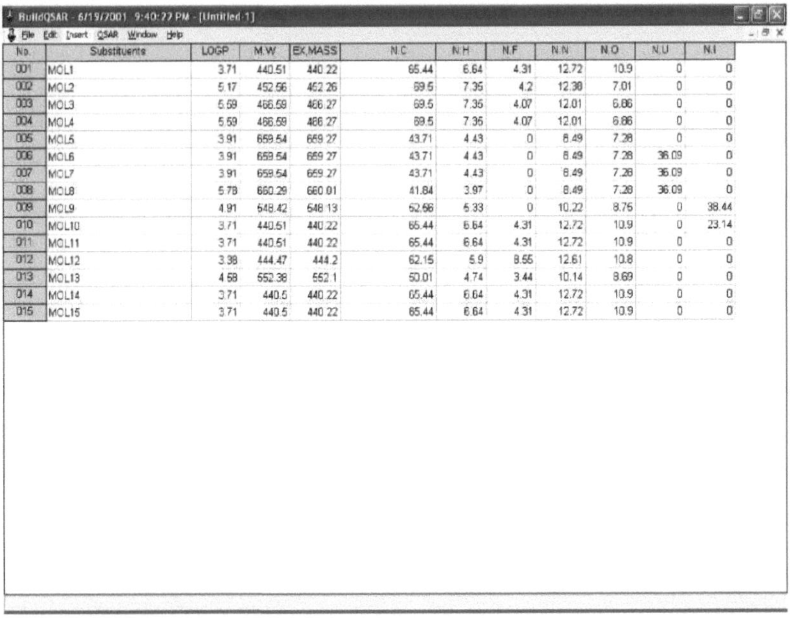

BuildQSAR - 6/19/2001 9:40:22 PM - [Untitled 1]

File Edit Insert QSAR Window Help

No.	Substituents	LOGP	M.W	EX.MASS	N.C	N.H	N.F	N.N	N.O	N.U	N.I
001	MOL1	3.71	440.51	440.22	65.44	6.64	4.31	12.72	10.9	0	0
002	MOL2	5.17	452.56	452.26	69.5	7.35	4.2	12.38	7.01	0	0
003	MOL3	5.59	466.59	466.27	69.5	7.35	4.07	12.01	6.86	0	0
004	MOL4	5.59	466.59	466.27	69.5	7.35	4.07	12.01	6.86	0	0
005	MOL5	3.91	659.54	659.27	43.71	4.43	0	8.49	7.28	0	0
006	MOL6	3.91	659.54	659.27	43.71	4.43	0	8.49	7.28	36.09	0
007	MOL7	3.91	659.54	659.27	43.71	4.43	0	8.49	7.28	36.09	0
008	MOL8	5.78	660.29	660.01	41.84	3.97	0	8.49	7.28	36.09	0
009	MOL9	4.91	648.42	648.13	52.56	5.33	0	10.22	8.75	0	38.44
010	MOL10	3.71	440.51	440.22	65.44	6.64	4.31	12.72	10.9	0	23.14
011	MOL11	3.71	440.51	440.22	65.44	6.64	4.31	12.72	10.9	0	0
012	MOL12	3.38	444.47	444.2	62.15	5.9	8.55	12.61	10.8	0	0
013	MOL13	4.58	552.38	552.1	50.01	4.74	3.44	10.14	8.69	0	0
014	MOL14	3.71	440.5	440.22	65.44	6.64	4.31	12.72	10.9	0	0
015	MOL15	3.71	440.5	440.22	65.44	6.64	4.31	12.72	10.9	0	0

Construir um modelo

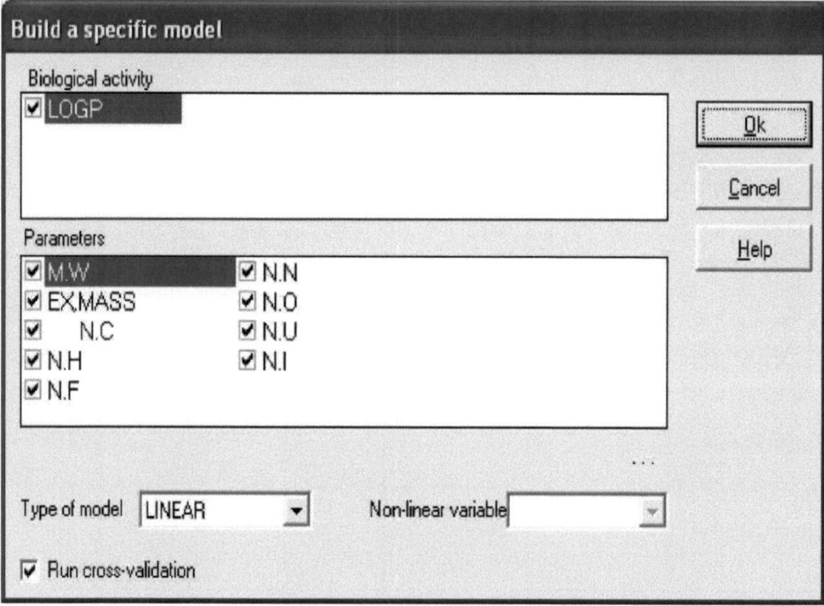

Construir um Modelo Linear
QSAR valores

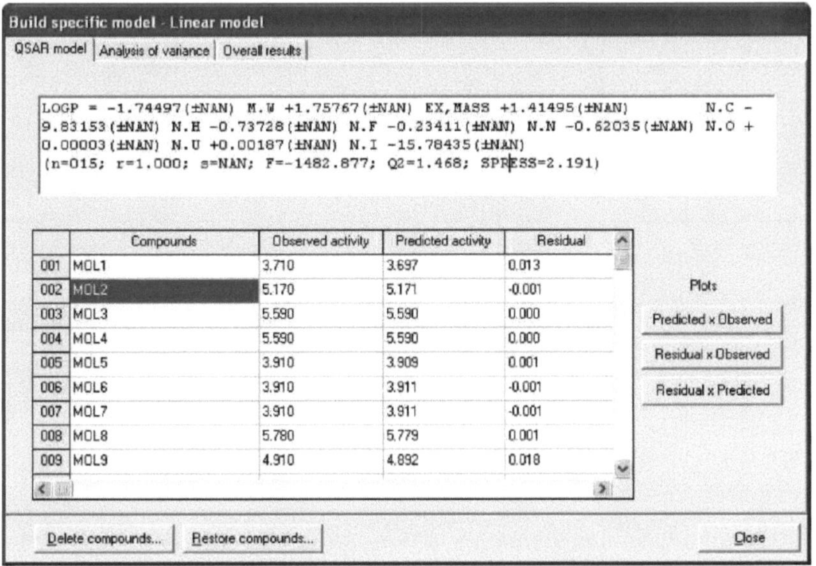

	Compounds	Observed activity	Predicted activity	Residual
001	MOL1	3.710	3.697	0.013
002	MOL2	5.170	5.171	-0.001
003	MOL3	5.590	5.590	0.000
004	MOL4	5.590	5.590	0.000
005	MOL5	3.910	3.909	0.001
006	MOL6	3.910	3.911	-0.001
007	MOL7	3.910	3.911	-0.001
008	MOL8	5.780	5.779	0.001
009	MOL9	4.910	4.892	0.018

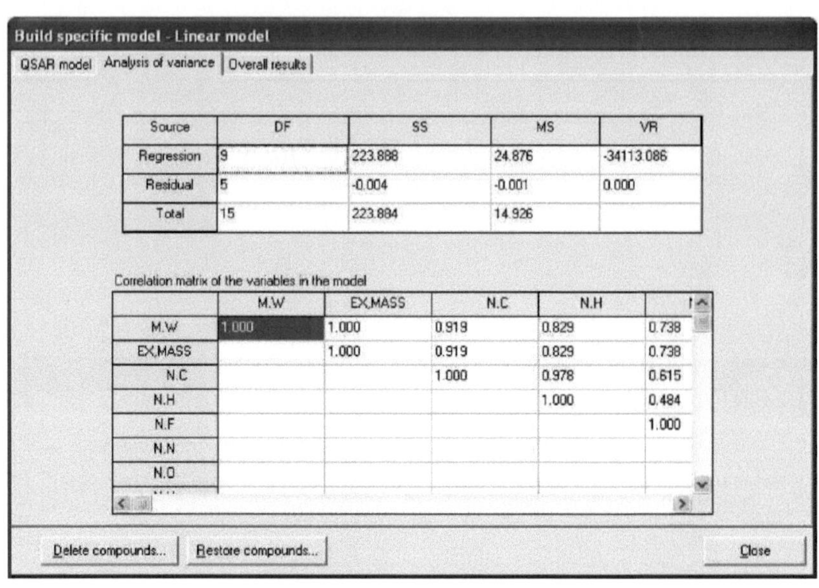

Source	DF	SS	MS	VR
Regression	9	223.888	24.876	-34113.086
Residual	5	-0.004	-0.001	0.000
Total	15	223.884	14.926	

	M.W	EX.MASS	N.C	N.H	N.F
M.W	1.000	1.000	0.919	0.829	0.738
EX.MASS		1.000	0.919	0.829	0.738
N.C			1.000	0.978	0.615
N.H				1.000	0.484
N.F					1.000
N.N					
N.O					

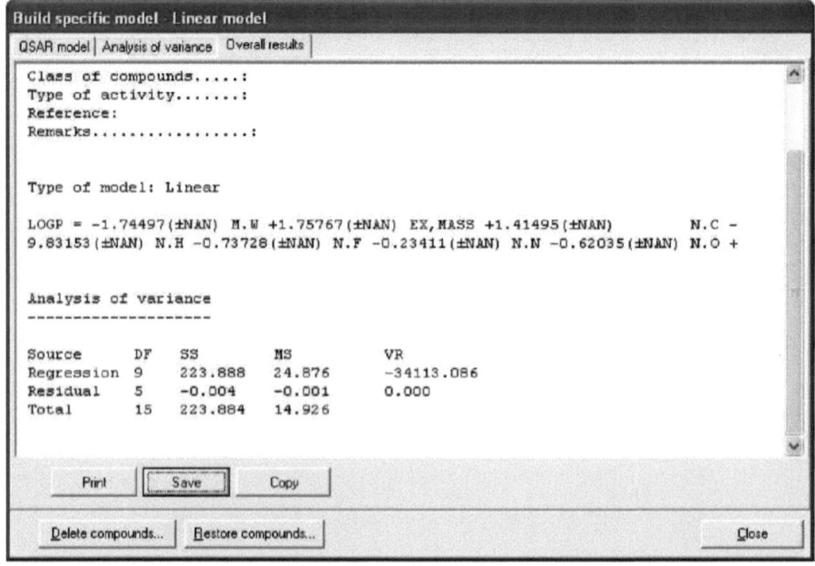


```
Class of compounds.....:
Type of activity.......:
Reference:
Remarks.................:


Type of model: Linear

LOGP = -1.74497(±NAN) M.W +1.75767(±NAN) EX.MASS +1.41495(±NAN)        N.C -
9.83153(±NAN) N.H -0.73728(±NAN) N.F -0.23411(±NAN) N.N -0.62035(±NAN) N.O +


Analysis of variance
---------------------


Source      DF   SS       MS          VR
Regression  9    223.888  24.876      -34113.086
Residual    5    -0.004   -0.001      0.000
Total       15   223.884  14.926
```

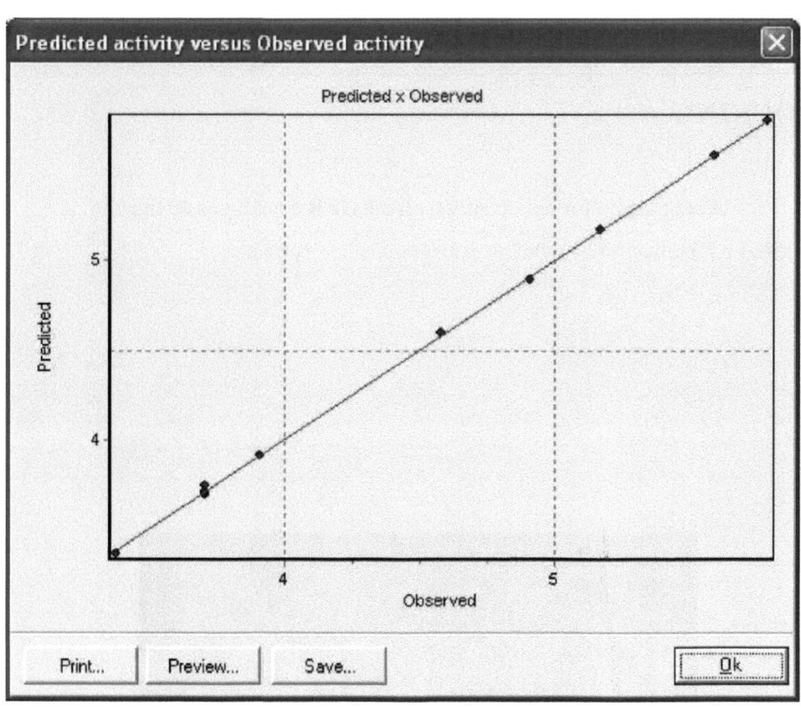

Fig 20: Actividade Prevista versus Actividade Observada para Analógicos de Iressa

DOCKING

A acoplagem foi feita contra o alvo **EGFR** e análogos de ligando (**Iressa**) e foi encontrada a melhor correspondência entre eles.

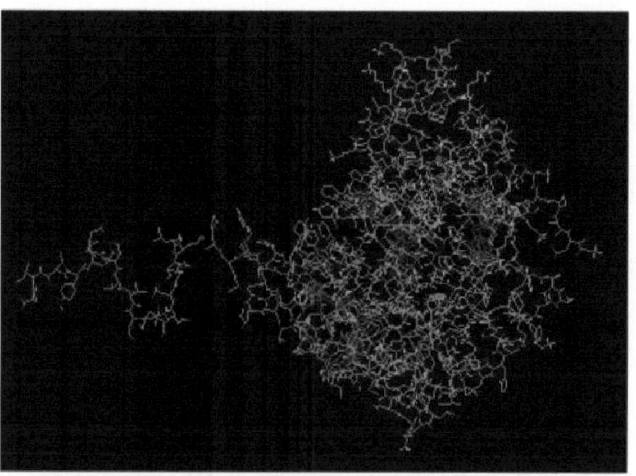

Fig 21: Interacção entre o medicamento padrão Iressa e EGFR

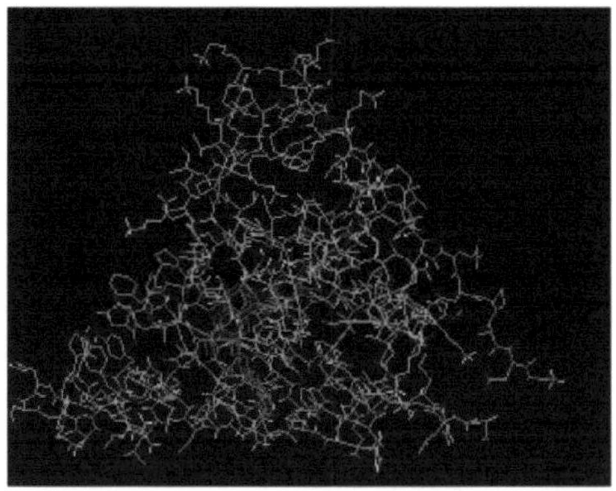

Fig 22: Interacção entre o medicamento Iressa 1 modificado e o EGFR

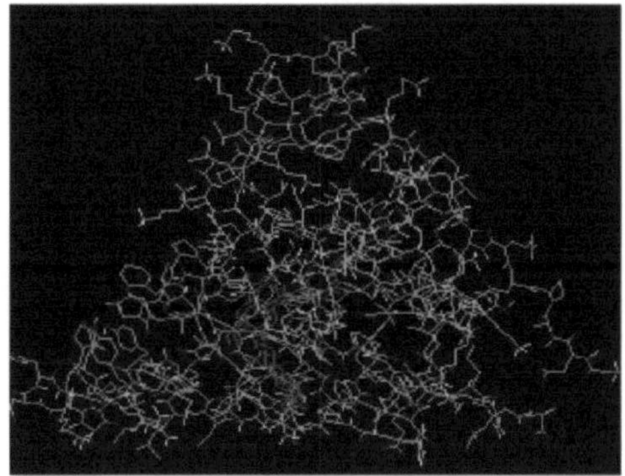

Fig 23: Interacção entre o medicamento Iressa 2 modificado e o EGFR

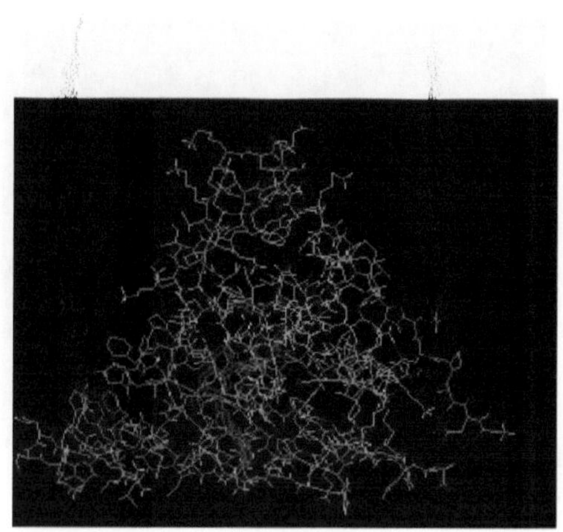

Fig 24: Interacção entre o medicamento Iressa 3 modificado e o EGFR

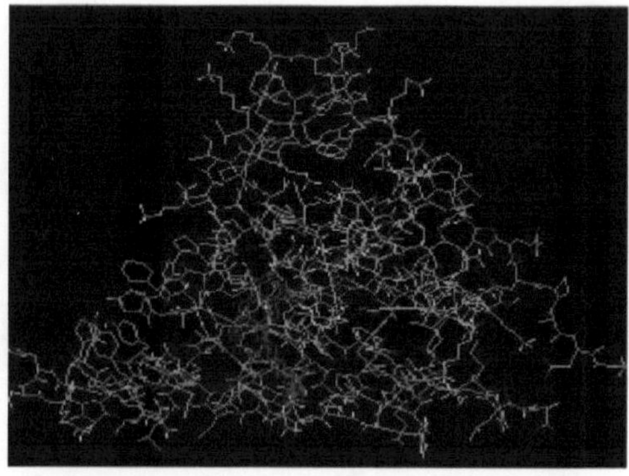

Fig 25: Interacção entre o medicamento Iressa 4 modificado e o EGFR

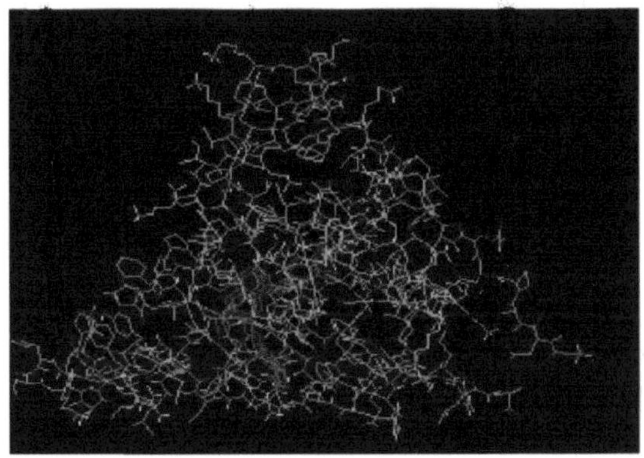

Fig 26: Interacção entre o medicamento Iressa 5 modificado e o EGFR

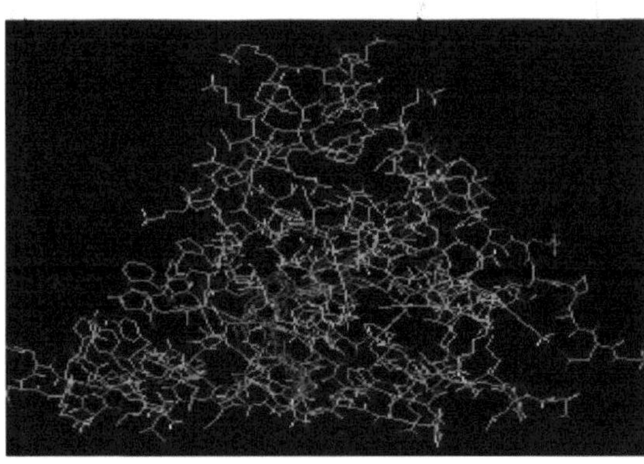

Fig 27: Interacção entre o medicamento Iressa 6 modificado e o EGFR

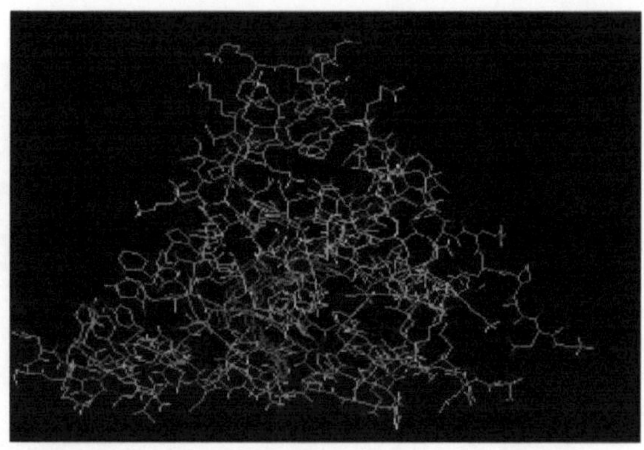

Fig 28: Interacção entre o medicamento Iressa 7 modificado e o EGFR

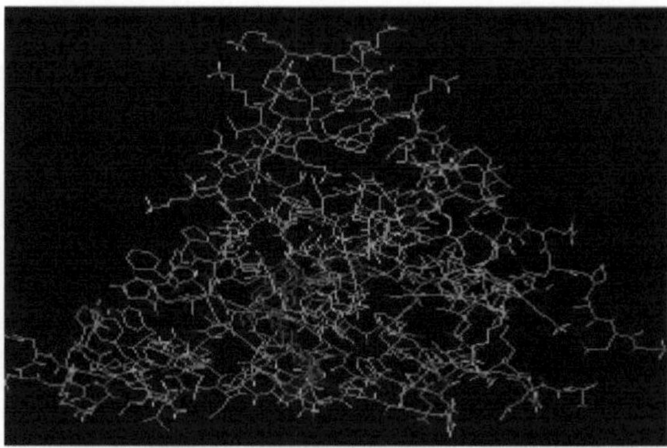

Fig 29: Interacção entre o medicamento Iressa 8 modificado e o EGFR

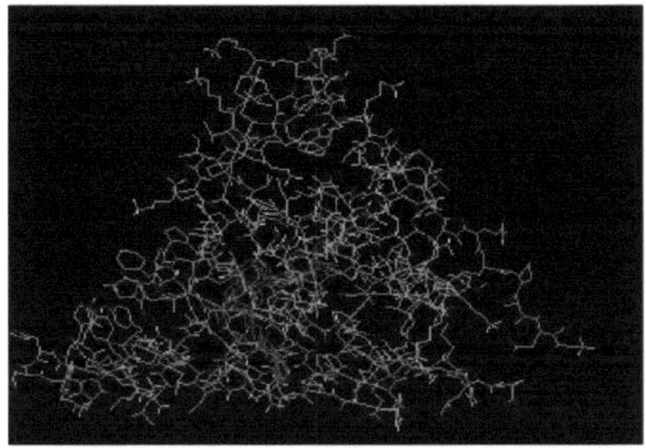

Fig 30: Interacção entre o medicamento Iressa 9 modificado e o EGFR

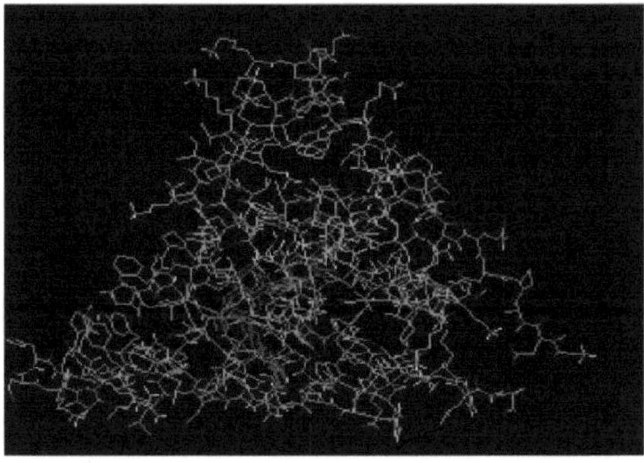

Fig 31: Interacção entre o medicamento Iressa 10 modificado e o EGFR

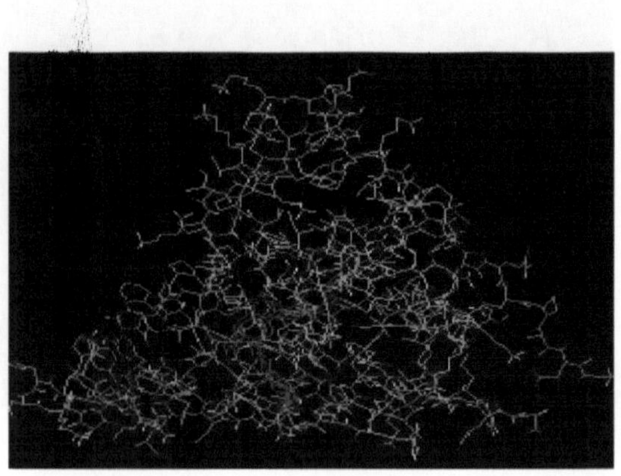

Fig 32: Interacção entre o medicamento Iressa 11 modificado e o EGFR

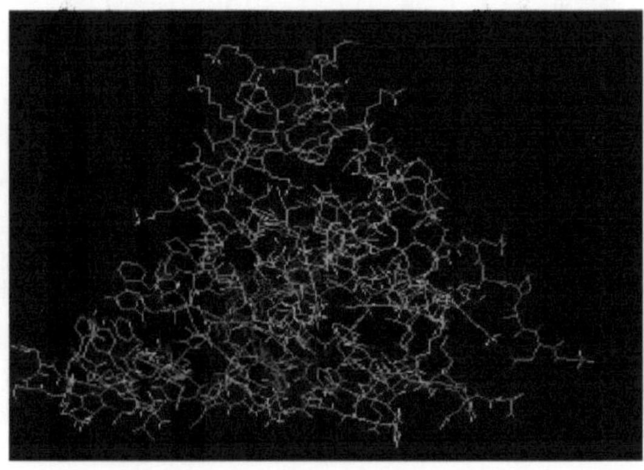

Fig 33: Interacção entre o medicamento Iressa 12 modificado e o EGFR

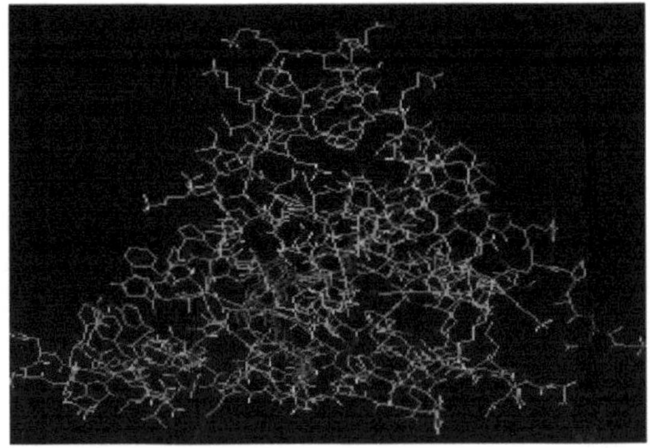

Fig 34: Interacção entre o medicamento Iressa 13 modificado e o EGFR

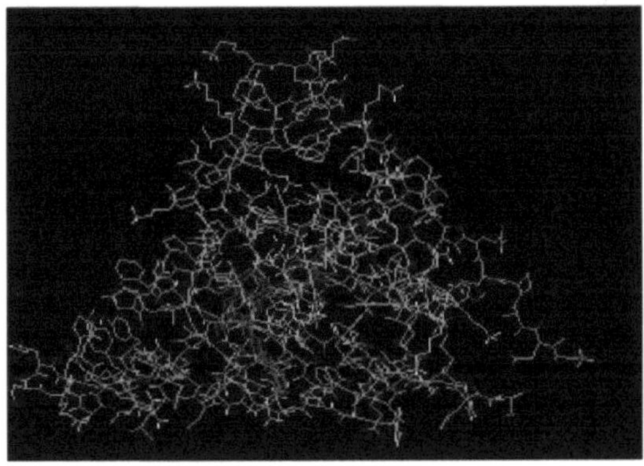

Fig 35: Interacção entre o medicamento Iressa 14 modificado e o EGFR

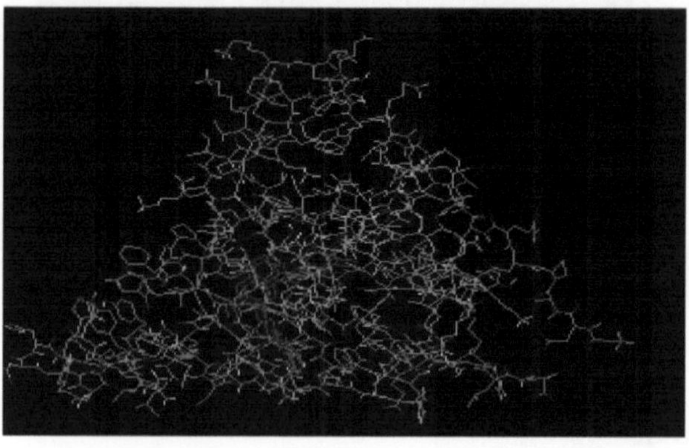

Fig 36: Interacção entre o medicamento Iressa 15 modificado e o EGFR

Os resultados de acoplamento dos 15 análogos estruturais de Iressa (Zd1839) para vários parâmetros foram tabulados abaixo:

Quadro 3

RESULTADOS DA ACOPLAGEM

CLUSTER	SOLUÇÃO	MODELO	E TOTAL	E SHAPE	E FORÇA	BMP
1	1	IRESSA7	-454.4	-417.3	0	0
1	1	IRESSA5	-389.7	-389.7	0	0
1	1	IRESSA10	-385.1	-385.1	0	0
1	1	IRESSA13	-381.4	-381.4	0	0
1	1	IRESSA8	-370.5	-385.1	0	0
1	1	IRESSA15	365	-365	0	0
1	1	IRESSA6	-359.7	-359.7	0	0
1	1	IRESSA1	-356.2	-356.2	0	0
1	1	IRESSA14	-353.5	-353.5	0	0
1	1	IRESSA3	-353	-355.7	2.8	0
1	1	IRESSA4	-337.9	-337.9	0	0
1	1	IRESSA2	-337.4	-337.4	0	0
1	1	IRESSA9	-332.8	-332.8	0	0
1	1	IRESSA12	-318.4	-318.4	0	0
1	1	IRESSA11	-284	-284	0	0

Discussão:

No presente estudo, os vários 15 análogos estruturais seleccionados aleatoriamente foram avaliados pela Chemsketch, ChemDraw, QSAR e HEX. A partir do resultado obtido, provou-se que a afinidade de ligação da interacção entre o alvo e a interacção foi calculada para os parâmetros como logP(5,78),Ex Mass(660,01) e m.wt(660,1).Além do Build QSAR, verificou-se que a análise de variância tinha valor r = 1,0 para todos os 15 análogos, provando que eles tinham afinidade próxima entre eles. Também a partir dos estudos de acoplagem, os 15 análogos estruturais foram classificados como 7,5,10,13,8,15,6,14,3,9,12 e11 com base no valor mínimo de energia de ligação(-454.4)para o analógico7. Isto discute os fenómenos centrais de comparação da variação entre os análogos estruturais seleccionados aleatoriamente.

6. CONCLUSÃO

Do resultado tabelado acima, **IRE7** e **IRE5** são classificados em primeiro e segundo lugares com base nos valores energéticos (no que diz respeito tanto aos estericos como aos electrostáticos). A classificação de outros ligandos é também tomada em consideração com base no **log p, peso molecular, dadores de H-bond e aceitadores de H-bond.**

7. SÍNTESE

> O factor de crescimento epidérmico (EGF) Receptor de tirosina quinase e a sua inibição de expressão foram investigados como alvo de cancro do cólon.

> A molécula de droga Iressa, composta por 15 análogos, foi desenhada e aí as propriedades ADME foram analisadas pela Chem Ultra e Build QSAR Software.

> A eficiência de ligação de 15 moléculas de Iressa criadas com o alvo foram calculadas e classificadas de acordo com a sua conformação energética de ligação.

> IRE7 e IRE5 são classificados em primeiro e segundo lugares com base em valores energéticos (w.r.t. tanto estéreis como electrostáticos). A classificação de outros ligandos foi também tomada em consideração com base no log p, peso molecular, doadores de H-bond e aceitadores de H-bond.

> Das 15 moléculas computadas, IRE 5 & IRE 7 foram seleccionadas como potenciais resultados de medicamentos para o cancro do cólon para inibir a actividade da EGFR tirosina quinase.

8. REFERÊNCIAS

1. Terapia adjuvante do cancro do cólon. Seminários em Oncologia *22:6:600-610, 1995.*

2. Biotecnologia Avançada, Revista Biotecnológica da Índia *Volume III, edição 5 Nov2004, página: 13 a 17.*

3. As reacções adversas aparentes aos medicamentos suscitam preocupações sobre a Iressa. **J. Schult** Journal of National Cancer Institute. *Abr 2003 16; 95(8):577-9.*

4. Um guia prático para a análise do gene e das proteínas. **A.D.Baxevanis** e **D.F.Ouellete.**

5. Bioinformática para principiantes. **K.Mani** e **N.Viayaraj.**

6. Métodos e protocolos de bioinformática. **S.Misener** e **S. A.Krawtez.**

7. Rastreio colonoscópico de pessoas com suspeita de risco de cancro do cólon *I* histórico familiar. **S.Grossman, M.L.Milos, I.S.Tekawa, etal.** Gastroenterologia *1988; 39:395-400.*

8. Química combinada e diversidade molecular na descoberta de drogas. *Wiley International.*

9. Efeito dramático de ZD1839 ('Iressa') num doente com cancro do pulmão avançado não de pequenas células e mau estado de desempenho. **K.Jiwara, K.Kiura, H.Ueoka, M.Tabata, S.Hamasaki** e **M.Tanimoto.** Cancro do pulmão. *Abr2003; 40(1):73-6*

10. EGFR - quimioterapia com suplemento de anticorposTPE. Investigações pré-clínicas para uma nova abordagem para o tratamento de indução do cancro da cabeça e pescoço **R. Knecht, S.Peters, C.Solbach, M.Baghi, W.Gstottner, M. Hambek.** Investigação Anticancerígena. *Nov-Dez 2003; 23(6C):4789-95.*

11. Genética, história natural, espectro tumoral e patologia do cancro colorrectal hereditário não-polipose: uma revisão actualizada. **H.T. Lynch, T.C. Smyrk, P.C. Watson, et al.** Gastroenterology *1993; 104:1535-1549.*

12. Modelo Molecular- princípio Um livro de texto de química farmacêutica, **J. Ghosh.**

13. Pharmaceutical chemistry, **G.R. Chatwal** *vol II ,[1st] edition ., Himalaya publishing House Bombay,* and Applications , **Andrew R Leach (1999) Longman.**

14. Risco de cancro colorrectal nas famílias de doentes com pólipos adenomatosos. **S.J.Winawer, A.G. Zauber, H.G.Erdes, et al.** New England Journal of Medicina *1996; 334:82-87.*

15. Estratégias para a Prevenção do Cancro do Cólon. **M. Lipkin** Annals New York Academy of Sciences *170-179, 1995.*

16. Strategies for organic Drugs synthesis & Design, D. Lednicer, **Wiley** International.